民族とネイション
――ナショナリズムという難問

塩川伸明
Nobuaki Shiokawa

Eurus Notus Boreas Zephyrus

岩波新書
1156

はじめに

「民族」「エスニシティ」「ネイション」「ナショナリズム」などの言葉を聞いたとき、人はどういうことを思い浮かべるだろうか。

おそらく、そこにはかなり大きな幅があるだろう。ある人は、この数年間、日本・中国・韓国のあいだで、歴史認識問題を主要な契機としてナショナリスティックな論調の応酬が続いていることを思い出すだろう。他の人は、冷戦終焉後の二〇世紀末から二一世紀初頭にかけて、世界各地で相次いだ種々のエスニック紛争や地域紛争――ルワンダ、コソヴォ、チェチェン、カシミール、アチェその他多数の例があり、その一部では「民族浄化」という言葉が飛び交った――とか、それとからんだ国際政治の展開――地域紛争への国際的対処、また特定地域における人道的危機回避を名目とした「人道的介入」等々――を思い浮かべるかもしれない。あるいは、地球全体を席巻しているグローバリズム化とボーダレス化現象の増大が「国民国家」を時代遅れのものとしていると叫ばれる一方、そうした趨勢への反撥としての排外的・右翼的ナショナリズム――フランスのルペン現象、ドイツのネオナチその他――の興隆に注目する人もいることだろう。さらにはまた、二〇世紀終盤にソ連やユーゴスラヴィアといった多民族連邦国家が解体して、「民族自決」の名のもと、一連の独立国家が生まれたことを思い出す人もいるかもしれない。

まだいくらでも挙げられるだろうが、ともかくこれらは、今日、多くの人の注目の的となっている大問題である。もっとも、これらは実際にはきわめて雑多な問題群であり、共通の土俵の上で論じられるべきものかどうかにも疑問が生じる。これらの問題を論じる際に、頻繁に「民族」「エスニシティ」「国民国家」「ネイション」「ナショナリズム」等々といった言葉が飛び交うが、それらの意味、定義、また相互関係は非常に複雑であり、どういう事柄を問題にしているのか自体について共通理解がないのが実情である。同じ言葉でまったく違う種類の事柄が指されていることも珍しくない。

そうした事情を念頭におくなら、これらの言葉はあまりにも乱用されすぎており、これらの現象をひとまとめに論じること自体が適切でない――それらはむしろ別々の問題として、明確に分けるべきだ――とも考えられる。種々の言葉が明確な定義なしに使われて多くの混乱をもたらしているのは確かであり、異なった事態を明確に区別すべきだという考えには、それなりの妥当性がある。しかし、異なった事態を指して類似の言葉が使われているのはどうしてなのかと考えてみるならば、本書の主題をなす一連の言葉――「民族」「エスニシティ」「ナショナリズム」その他――は、非常に異なった事柄でありながら、なにがしか共通性や関連性をもっているのではないか、だからこそしばしば関連づけて論じられているのではないかとも思われる。同じもしくは類似の言葉が使われるからといって、そこに単一の共通の本質があるなどといえるわけでは決してないが、それでも、さまざまなズレを含みつつ部分的に重なり合うという意味でのゆるやかな共通性——哲学者ならこれを「家族的類似」と呼ぶかもしれない——があるのではないだろうか。

本書はこのような観点から、これらの言葉で指されている多様な事柄の相互関係を解きほぐし、それらを理論と歴史の両面にわたって考えることを目指す。あまりにも多様な主題を取り上げるため、とうてい十分な議論になりえないことは覚悟の上である。ただともかくも、問題状況をある程度整理し、一つの捨て石程度になれば、というのがささやかな狙いである。

いま述べたように、本書で取り上げる問題群はきわめて複雑な相互関係にある。どうしてそうなのかについても種々の要因があるが、おそらく最大の問題は次のような点にあるのではないだろうか。民族・エスニシティ問題は、一方では、人々の日常生活における感情・意識・行動に関わる場面(言語・宗教・文化・生活習慣・メンタリティ・個別具体的人間関係など)で取り上げられるが、他方では、狭義の政治とりわけ国家の形成あるいは分裂に関わる場面にも重要問題として登場する。そこにおいては、いわゆるハイ・ポリティクスに携わる政治エリートの観点と広範な大衆の観点とが交錯する。そのように広い範囲の問題領域と関わりをもち、それをどのような角度から見るかも多様でありうるような複合的問題だということが、この問題群の性格を複雑なものとしている。

いま述べたことと関係して、民族・エスニシティ問題は、一方では冷静(もしくは冷酷)な打算に基づく合理的な選択の対象となったり、「道具」的に捉えられる面があるが、他方では、合理的計算では割り切れない「どろどろした」感情が幅広く動員される。政治家が打算的思惑に基づいて民族主義感情を動員するのはよくあることだが、その結果として、当初予期されていた規模を超える自己運動現象が起きて、歯止めが利かなくなることも珍しくない。この場合、当初は打算に基づいてナショナリズム感情を利用しようとした政治家は、昔話に出てくる「魔法使いの弟子」(魔法を修行中の弟子が、自分の呼び出した魔法の箒を止められなくなる話)のような立場におかれることになる。

問題が広範囲にわたることと関係して、これらの主題はさまざまな学問分野で、それぞれに違った形で研究されてきた。政治学(これも、政治哲学・政治理論、アイデンティティの政治、各国政治史、国家制度論等々に分かれる)、社会学(理論社会学、民族・エスニシティの社会学、宗教社会学、アイデンティティの社会学等々)、文化人類学/社会人類学/民族学(「民族学」という表現はヨーロッパ大陸で伝統的に用いられてきたのに対し、「文化人類学」はアメリカ、「社会人類学」はイギリスで主に用いられてきた。日本でいう「民俗学」は「民族学」とは区別されるが、ある種の接点がないわけではない）、社会言語学、歴史学（民族史、地域史、帝国史、思想史、サバルタン研究、その他多数の事例研究）、文学批評（ポストコロニアル批評）その他その他である。先に触れた問題領域との関係でいえば、社会学・文化人類学・社会言語学などは主に大衆の日常生活と意識に関わり、政治学は主にハイ・ポリティクスに関わる。そして、歴史学は視点によってそのどちらをも扱いうる。とはいえ、いま述べた対応は厳密な一対一の関係というわけではない。対象自体が多面的であるため、どちらを出発点として議論を始めても、それらの相互関係を考えないわけにはいかなくなる。

本書を書いている私自身はといえば、制度的には政治学者と歴史学者の世界に半分ずつ属し、そのどちらにも完全に属しきっているわけではないというヌエ性をもっている。また文化人類学、社会学、社会言語学などについても、素人的興味に基づく断片的な知識吸収ではあるが、ともかくある程度の関心をもっている。このようなヌエ性は特定のディシプリンに立脚した研究推進にとってはマイナスの要素かもしれないが、できればそうした特徴を逆手にとって、この複合的な対象への多面的な接近を総合することを試みたいと念じている。

以下、第I章では、多面的な対象である民族・エスニシティ問題をどのように捉えるべきか、また種々の用語をどのように定義するかといった問題を考える。やや抽象的な議論になってしまうが、言葉の意味についてある種の「交通整理」をしておかないとどうしても話が混乱するので、この作業をあらかじめ行なっておくことが不可欠だと考えて、あえて最初にこのような章をおくことにした。続く第Ⅱ章から第Ⅳ章にかけては、歴史に即して問題の展開を概観する。最後に第Ⅴ章では、それまでの議論を踏まえて、「難問としてのナショナリズム」についてどのように考えるべきかの手がかりをつかむことを目指す。

このような構成であるので、抽象論の苦手な読者は、第Ⅰ章を飛ばして、先に第Ⅱ章から第Ⅳ章を読み、それから第Ⅰ章に戻るのも、一つの手かもしれない。逆に歴史があまり好きでない読者は、中間の部分を飛ばして第Ⅰ章と第Ⅴ章をつなげる形で読んでも、大筋はつかめるはずである。とはいえ、歴史的考察と理論的考察は密接不可分であるし、それほど厚くない小著なので、できれば全体を通して読んでいただくに越したことはない。

新書という書物の性格上、典拠などの指示は最小限にとどめた。巻末の「読書案内」に掲げた書物に本文中で言及する際には簡略化した形にしてある。

目 次

目　次

第I章　概念と用語法——一つの整理の試み

「はじめに」で述べたように、本書の主題となる一連の概念――「民族」「エスニシティ」「ネイション」「ナショナリズム」など――は、時代や論者によって非常に異なる意味を込めて使われてきた。そうした概念について論じる際につきまといがちな混乱を避けるためには、とりあえず本書における用語法を確定しておく必要がある。

さまざまな人々によって多種多様の言葉づかいがなされている現実がある以上、本書での用語法と他の諸文献における言葉づかいとのあいだにズレが生じるのを全面的に避けることはできないが、そのズレがあまりにも大きいなら、他人に通じない独りよがりな議論になってしまう。そこで、できるだけ多くの用例を念頭におき、いわば最大公約数的で、ある種の幅をもった用語法を探求することが必要となる。以下は、そのような試みの産物であり、現に行なわれている種々の用語法からそれほど極端にかけ離れてはいないことを期待する。とはいえ、他の用語法とのズレを完全になくすことは不可能であり、どうしてもある種の偏差をもつということ、従って他の論者が他の用語法を取っている例も多いということは、念のため断わっておきたい。

1　エスニシティ・民族・国民

先ず、エスニシティ・民族・国民という三つのキーワードから考えてみよう(なお、日本語の「民族」「国民」とヨーロッパ諸語の対応関係も大きな問題だが、とりあえずは日本語での語感に即して考えることから始め、ヨーロッパ諸語との関係は後回しとする。また「ナショナリズム」については、さらにその後で考える)。あらかじめ三者の関係について注目すべき点を指摘しておくなら、「エスニシティ」と「国民」は明らかに次元を異にする概念だが、「民族」は、見方によってどちらの方に近いともとらえられる両義性をもっており、そうした相互関係を解きほぐすことが大きな課題となる。

「エスニシティ」とは

取り上げる第一は、「エスニシティ」である(なお、厳密には「エスニシティ」は「○○性」という抽象名詞、「エスニック・グループ」「エトノス」「エトニ」は特定の集団を指す名詞と使い分けられるが、ここでは便宜的にこれらを一括し、「エスニシティ」で代表させることにする)。この言葉は、とりあえず国家・政治との関わりを括弧に入れて、血縁ないし先祖・言語・宗教・生活習慣・文化などに関して、「われわれは○○を共有する仲間だ」という意識——逆にいえば、「(われわれでない)彼ら」はそうした共通性の外にある「他者」だという意識——が広まっている集団を指す、と考えることにする。ここで、客観的にどの程度の共有——裏返せば他者との違い——があるかは別問題であり、当事者がそのように意識しているということの方が重要である。「血のつながり」が実際にあるかないかは往々にして不確定だが、「つながっているのだろう」という漠然たる感覚が広がっていれば、そのこと自体が重要な意味をもつ。

もっとも、主観性ばかりを強調すると、何の根拠もなしにどんな人間集団でもエスニシティとみなされうるのかという疑問も出てくるかもしれない。ある風変わりな個人が、およそ縁遠い人と「つながりがある」「同胞だ」と勝手に思いこんでも、それだけでエスニシティが成り立つわけではない。しかし、そうした主観がかなりの範囲の人々に広がるなら、それはエスニシティと呼んでもよい集団になる。そうした主観がどういう条件の下で広がったり、定着したりするのかについては、ある種「客観的」な要因が関与しているのかもしれないが、この問題にはここでは立ち入らず、とにかく何らかの要因でそうした意識がある程度以上広まり、定着した場合にエスニシティと呼ぶことにする。

もう一つの問題として、先にいくつかの指標(血縁・言語・宗教……)を羅列的に並べたが、それらのうちのどれを重視するかは、場合によって異なる。どれもが必須の要件だとか、これらが必ず重なり合っているということはいえない。そうではなく、さまざまな歴史的条件の下で、たまたまどれかの指標が当事者によって重要視されるということである。先天的とみなされる血統および遺伝的特徴――ここで「遺伝」に言及するのは、それが「科学的」根拠をもつかどうかは別として、大衆意識としてそのように思われがちだという意味である――を中心に考える場合もあれば、後天的に習得される言語・文化を中心に考える場合もある。もっとも、言語・文化も、当事者の意識としてはあたかも「先天的」なものであるかのように思いみなされることが少なくない。ともかく、こういうわけで、単一指標による定義は不可能である。むしろ、どの指標を最重要とみなすか自体が場合によって異なるという点に注目する必要がある（この事情は後述の「民族」についても共通する）。

このような不確定性と関係して、どのような集団がエスニシティに該当するかも一義的に確定できるものではなく、多義的かつ可変的である。それは歴史の中で形成されたり、変動したりするものであり、固定した絶対的存在ではない。そしてまた、より大きなエスニシティの中により小さなエスニシティが含まれ、さらにもっと小さなエスニシティに分かれるといった重層性もありうるし、集団間の境界も往々にして流動的である。そのような多義性・可変性・重層性・流動性を押さえておくことは、この多面的現象の分析のために欠かせない視点である。

もっとも、当事者にとっては、ある一つの「われわれ」意識が単一かつ不変のものであるかのように思いみなされていることも多い。客観的にみて固定的な存在であるわけではないが、主観的には確固たる実在とみなされるような、そういう集団としての特性をもつということである。

「エスニシティ」から「民族」へ

以上、「エスニシティ」について考えてきた。そうしたエスニシティを基盤とし、その「われわれ」が一つの国ないしそれに準じる政治的単位をもつべきだという意識が広まったとき、その集団のことを「民族」と呼ぶことにする。このように考えるなら、エスニシティと民族は異なる概念だが、ある程度の連続性をもつ。両者が大なり小なり重なり合っているような事例を念頭におく場合には、二つの言葉が互換的に用いられることもある。

「エスニシティ」が次第に発展して「民族」になるという考え方をとるなら、その中間段階――いわば「民族」の一歩手前ともいうべき存在――を想定することもでき、そうした集団に「民族体」その他の独自の名称を与える考え方もある(かつてのソ連における「ナロードノスチ」論など)。しかし、そうした段階論は、どこでどのように線を引くかという点で大きな問題にぶつかる。どこまで政治的一体感が強まったら「民族」になるのかを決定する絶対的な基準はない。そこで、本書では、見方によっては「民族一歩手前」とみなされるような集団も、広義の「民族」のうちに含めて考える(そのことと関係するが、民族として認定された人間集団を「〇〇人」、その手前とみなされる集団を「〇〇族」という風に呼び分けることはせず、あらゆる民族・エスニシティを一律に「〇〇人」と呼ぶことにする)。

「国民」とは

次に「国民」について考えてみよう。「国民」とはある国家の正統な構成員の総体と定義される。近代社会における国民主権論と民主主義観念の広まりを前提すれば、国民とはその国の政治の基礎的な担い手ということになる。逆にいえば、国民主権的な発想が広まっていない時期については、「国民」という観念自体も存在せず、後の「国民」は「臣民」として捉えられていた。

このようなものとして「国民」を考えるとき、一つの国の中にはさまざまな出自・文化的伝統をもつ人々がいるから、「国民」は必ずしもエスニックな同質性をもつとは限らない。この点を重視するなら、「国民」と「民族」「エスニシティ」はまったく違う概念であり、次元を異にすると考えられる。実際、そのような峻別論は一つの有力な議論として、多くの論者から提起されている。文化・伝統の共有と近代国家の制度的枠組みとが必ず一致するとは限らない――というよりも、むしろ一致しない方が通常である――ことを思うなら、これらの概念を切り離すべきだという主張には十分な理由がある。

しかし、それでいながら、これらが重なり合う――あるいは「重なっているはずだ」と思いみなされている――ことも多い。あるエスニシティが自分たちの国家をもとうとする運動が高まり(これは先の定義でいえば「エスニシティの民族化」である)、その集団が国家を獲得するならば、その国家のもとの「国民」は、主としてその「民族」から構成されるということになる。

また、ある国家がその統治下の「国民」のあいだに一体感を創出するために文化的均質化の政策を推進し、それが一定程度の成功を収めるなら、その「国民」は、度合いはともあれ「民族」的な共通性をもつことになる。前の段落で書いたのが「民族の国民化」だとするなら、この段落で書いたのは「国民の民族化」ということになる。

こうして、「国民」と「民族」のあいだには重なり合いが生じるが、その重なり合いは完全なものではあり得ず、常にズレがある。そして、そのズレを埋めようとしたり、強引に切り捨てたり、無視したり、あるいはそれに反撥したり等々の現象が生じる。「民族問題」とは、これらの現象を包括した問題群だと考えることができる。

なお、以上はあくまでも日本語の語感に即しての話である。日本語の「民族」と「国民」は、ともに英語で言えばネイションとなる（というよりも、元来、ネイションの二通りの訳語として、この二つの日本語が生まれた）。ヨーロッパ諸語におけるネイション（英）／ナシオン（仏）／ナツィオーン（独）／ナーツィヤ（露）の意味は、それぞれの国と時代によって多様であり、単純一筋縄では理解できない複雑性をもっている（詳しくは次節参照）。本書では、日本語にネイションの訳語が二通りある点を利用して、ネイションにエスニックな意味合いが色濃く含まれている場合には「民族」、ネイションがエスニシティと切り離して捉えられている場合に「国民」とする（あえて単純に図式化するなら、図1のようになる）。もちろん、実際にはさまざまな側面が混ざり合っていて、すっきりと割り切れないことも多いが、理論的道具立てとしては、一応このように整理してみることが有用だろう。

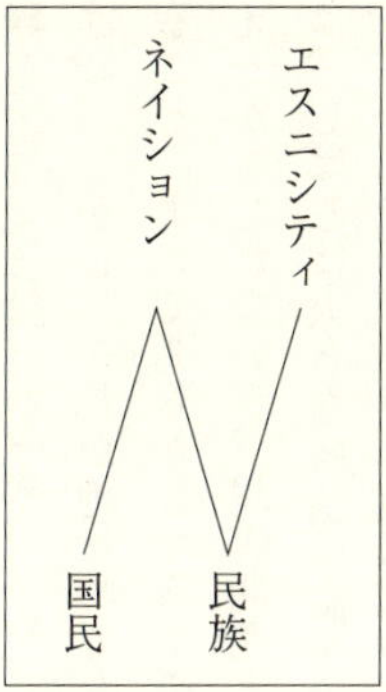

図1

区切り方の難しさ——恣意性と固定性

これまで述べてきたように、エスニシティも民族も、客観的に確定しているものではなく、さまざまな区切り方がありうる。一般論として、何らかの単位を設定したり境界線を引いたりする作業はどれも絶対的なものではなく、恣意的であるほかない（杉田敦『境界線の政治学』）。それでいながら、現に引かれた線は執拗な固定性をもって多くの人の意識に働きかける。しかし、それが絶対的でないことは、歴史上の特定段階で、突如としてそれが流動化することによって明らかとなる。こういう風に書くと、浮世離れした抽象論をしているようにみえるかもしれないが、現実問題として、どの集団を「エスニシティ」と呼び「民族」と呼ぶかは、しばしば大きな政治的論争の対象となっている。「民族」を「自決」の単位とする発想に立つなら、何をもって「民族」とするかはまさしく独立国家をもつ資格と直結し、熱い政治争点となる。

民族の指標は一様ではなく、さまざまな考え方があるが、一つの有力な見方として言語を重要な指標とするものがある。同じ言語を共有する集団を「一つの民族」とみなすわけである。しかし、実は、何をもって「一つの言語」とみなし、何をもって「方言」とみなすか自体が論争的である。互いに聞いてほとんど理解できないほど隔たっていても「同じ言語の中の方言」だとされることもあれば、十分に理解し合える程度の近さであっても「別々の言語」だとされることもある。スペイン語とポルトガル語の差異、ノルウェー語とデンマーク語の差異、日本の標準語と沖縄の言葉（うちなーぐち）の差異、ルーマニア語とモルドヴァ語の異同、「クルド語」とされるさまざまな地域語のあいだの差異、セルビア語とクロアチア語の差異、タタール語とバシキール語の差異、モルドヴィン語のモクシャ方言とエルジャ方言とされているものの差異等々の例を並べてみるなら、差異の大小と「同じ言語の中の方言かそれとも別々の言語か」という問題とが単純な対応関係にあるわけではないことが分かる。ある言語が「方言」か「独自言語」かは、純言語学的に決定されるものではなく、むしろ近代における「国民国家」形成がどのような範囲で進められるかに依存する。

言語を共有する集団は宗教その他の文化も共有することがあり、そうした複数の指標の共有は「われわれ」意識を強める有力な要因となる。しかし、一つの言語集団が異なった宗教に分かれていることもあり、その場合、それは一つの民族なのか別々の民族なのかが問題となる。グルジア語話者の多数派はキリスト教徒(正教徒)だが、アジャール人のようにグルジア語を話すムスリムがいるとき、これを「グルジア人の一部」とみなすか、それとも独自の民族とみなすかが争われる。クリャシェン人(ロシア正教に改宗したタタール人)を独自の民族とみなすか、それともタタール人の一部とみなすかとか、ムスリムのアルメニア語話者たるヘムシル人をどうみるかなども同様である。チュルク系の言語(広義のトルコ語)を話す集団の多くはムスリムだが、正教徒のチュルクであるガガウス人は「正教に改宗したトルコ人」なのか「もともと正教徒だったブルガリア人が後にチュルク化した」のか――それと関連して、モルドヴァ南部にもとから先住していたのか、「移民」としてやって来たのか――が争われる。旧ユーゴスラヴィアにおける「ムスリム人」(現在の呼称は「ボスニア人」)などは、そのような民族カテゴリーを認めるかどうかが論争的だった典型例である(この事例について詳しくは第Ⅲ章で後述する)。

言語にせよ、宗教にせよ、その他のエスニック文化にせよ、長い時間的経過の中で変容することがあるが、それを「強制的な同化」とみなすか「自然な過程」とみなすかも、見る人の観点によって異なりうる。ブルガリアのトルコ人の場合、「かつてオスマン帝国によって強制的にトルコ化させられたブルガリア人たちの子孫だ」という説明によって、「元のブルガリア人に戻す」政策が進められたが、この政策自体が新たな「強制的な同化(ブルガリア化)」だという批判も有力である。

いずれにせよ、人間集団の区切り方は、抽象的に考えれば、さまざまな括り方が可能であって、どれか一つだけを「正しい」と決めることはできない。他面、現実の社会生活においては、ありうべき多様な区切り方がどれも等価というわけではない。歴史的経緯の中で、ある区切り方によるある単位が優越的位置を占め、他の区切り方は劣位におかれる――やがては、他の区切り方の可能性自体が意識されなくなる――という現象が起きるからである。絶対的に「正しい」唯一の区切り方というものがない以上、理論的には、単位設定は可変的なはずだが、いったんある区切り方が優越化されると、それが固定化されやすい。とりわけ重要な契機となるのは、近代国家の成立である。

歴史上の一定時期に、ある空間的範囲で近代国家が成立するなら、その国家による国民統合政策が推進されることにより、その内部での均質性が高められる。それは単に「上から」の強制によるだけでなく、その国家の範囲内でのコミュニケーション密度が高くなり、そこに住む人々が種々の交流を通して多くの経験を共有するようになるからでもある。そうした経験の積み重ねの結果として、あたかもその単位での「共通性」意識が自明のものであるかのような様相を呈するようになる。そのような近代国家が既に形成され、安定している状況では、これは与件とされる。しかし、それがまさに形成されようとする時期や、いったん打ち立てられた国家が何らかの要因で動揺する時期には、単位の問題が争点として浮上する。こうして特定集団を固定化させるヴェクトルと、それに抗して他の区切り方の公認を目指すヴェクトルのせめぎ合いが生じる。そうしたせめぎ合いこそが本書の主要な対象である。

2　さまざまな「ネイション」観――「民族」と「国民」

近代国家は国民の何らかの意味での一体性を重視する。といっても、その「何らかの意味での一体性」が具体的にどういうものであるかは一様ではない。エスニックな共通性が国民全体に行き渡ることが国民の一体性の基礎だと考える場合には、政治化したエスニシティとしての「民族」がイコール「国民」ということになる。これに対して、エスニシティと国民を峻別し、

「多様なエスニシティに属する人々が、そのエスニックな差異を超えて、一つの国の市民としての共通性をもつ」という考え方がとられる場合もある。前者ではネイションとエスニシティが重なり合わせられるのに対し、後者では両概念が明確に区別される。

ヨーロッパ諸語における「ネイション」

「ネイション」「ナショナリティ」に当たる言葉はヨーロッパ諸語にあるが、その使い方は国と時代によって異なる。本書の主題との関連で重要なのは、この語にエスニックなニュアンスがどのくらい含まれているかという点である。もっとも、これはある意味では度合いの差であるし、どの国でも歴史的な変遷があるので、あまり固定的・絶対的に考えるのは妥当でない。しかし、本書では複雑な歴史的変遷にまで立ち入ることはできないので、基本的に近代以降における優越的な用法を念頭において、ごく大まかな特徴づけについて考えることにする。

この観点からいえば、英語のネイション／ナショナリティやフランス語のナシオン／ナシオナリテは、エスニックなニュアンスがあまりなく、「民族」より「国民」の方に近い。特に、ナショナリティ(英)／ナシオナリテ(仏)の語は、「国籍」の意味で使われることが多く、その国籍はイギリスでは血統主義ではなく出生地主義によるし、フランスも一九世紀末以降、出生地主義の要素が強まったから、その意味でもエスニシティとの結びつきは弱い。

もっとも、細かく見ると、英語圏の中でも国によって微妙な違いがある。アメリカ合衆国の場合には、「ネイション」はほぼ完全に「国民」の意味であって、エスニックな意味はないといってよい。「多数のエスニシティが、その複数性を超えて単一のアメリカン・ネイションに統合する」という発想が優越的である(アメリカでは「ナショナル」という言葉は「民族的」ではなく、「全国的」という意味になる)。これに対し、カナダでは英語系ネイションとフランス語系ネイションがそれぞれ存在するという見方が優勢であり、英国にはイングランド・スコットランド・ウェールズという複数のネイションがある(アイルランド独立の前はアイルランドも含まれたが、その後は北アイルランドのみが残った)。ここでは、「ネイション」の語にある程度までエスニックな要素が含まれており、日本語の「民族」に近い。関連して、「多民族国家」はアメリカでは multiethnic state だが、イギリスでは multinational state ともいわれる。このような微妙な問題はあるが、ともかく大まかにいえば、英仏のネイション観はエスニシティから相対的に遠い。

これに対し、ドイツおよびロシアでは、ナツィオーン／ナツィオナリテート(独)、ナーツィヤ／ナツィオナーリノスチ(露)の語にエスニックな意味が色濃く付着している。そのため、エスニシティに関わりない「国籍」の意味でこれらの語を使うことはできず、「国籍」の意味では別の言葉を使う(ドイツ語ではシュターツアンゲヘーリヒカイト、ロシア語ではグラジュダンストヴォ）。なお、ドイツは国籍に関し、一九九九年の国籍法改正まで血統主義をとっていたため、「国民」にもエスニックな要素が濃かった（但し、エスニックな起源が非ドイツ系の人がある時点で帰化してドイツ国籍をとれば、その子孫は血統主義に基づいて自動的に「国民」となるから、その意味では非ドイツ系エスニシティに対して全面的に閉ざされていたわけではない）。

先に、英語圏でもアメリカとイギリス、カナダのあいだに微妙な差のあることに触れたが、ここで一まとめにしたドイツ語とロシア語のあいだにも、微妙な差がある。ドイツ語ではフォルクという言葉にエスニックな意味が込められることが多いため、それに比べれば、ナツィオーンにはエスニックな色彩は相対的に薄い。ナツィオーンとナツィオナリテートの区別――前者は「自前の国家」を確立しているのに対し、後者はそれをもたないというニュアンスがある――からしても、前者は「国民」と訳されうるのに対し、後者は「少数民族」ないし「エスニシティ」という感じになる。

これに対し、ロシア語のナロードはドイツ語のフォルクと似通った言葉（ともに「人民」と訳される）ではあるが、ソ連時代以降、ナーツィヤとナロードを区別して、前者はエスニックな「民族」、後者は超エスニックな「国民」とする使い分けが広まった。今日でも、現行ロシア連邦憲法（一九九三年一二月制定）でロシア連邦の主権の担い手は「多民族的国民」とされているが、ここで「多民族的」と訳したのは複数のナーツィヤという意味の形容詞、「国民」と訳したのは単数形のナロードである(英訳では、multinational people)。こういうわけで、ナツィオナリテート(独)とナツィオナーリノスチ(露)はともにエスニシティを指すという意味でほぼ同義であるのに対し、ナツィオーン(独)とナーツィヤ(露)のあいだにはややズレがある(前者は「国民」と「民族」の両様に解されうるのに対し、後者はほぼ全面的に「民族」)。もっとも、時代による変遷もあり、ロシアでは現在、アメリカ英語の急激な流入に伴って言葉の意味転換が進行中だが、その落ち着き先はまだ見定めがたい。

アメリカのように「ネイション」と「エスニシティ」が峻別されている場合には、後者は前者よりも小さく、その中に含まれる下位集団という意味になる。これに対し、エスニシティがネイションの基礎と捉えられている場合には、ある時期まで大きな国家の中の少数派だったエスニシティが自意識と組織性を高めるならネイションになりうるという連続性がある。第Ⅱ章で見るように、第一の考え方は新大陸で優勢であり、第二の見方は旧大陸で優勢である。本書では、そのどちらか一方だけを「正しい用語法」とするのではなく、文脈に応じて両様の考え方があるという事実自体に注目したい。

さまざまなエスニシティ表現

このようなネイション観の差異と関係して、一つの国に多数のエスニシティがいることを意識する際の表現の仕方も、国によって異なる。アメリカでは「〇〇系アメリカ人」という言い方がよくなされるが、そこにおける「〇〇系」はエスニックな出自、「アメリカ人」は国籍＝市民権を指している（「ユダヤ系アメリカ人」「日系アメリカ人」等々）。これは「移民の国」という特殊性に由来するもので、必ずしも「世界標準」ではない。これに対し、ロシアの場合、アメリカ流なら「ユダヤ系アメリカ人」と呼ばれるような人々は「（ロシア国籍をもつ）ユダヤ人」であり、それ以外にも「（ロシア国籍をもつ）〇〇人」が多数いるということになる（ここで「〇〇人」はエスニックな意味での「民族」）。

日本の場合はどうだろうか。「日系アメリカ人」という言い方があり、これはアメリカ的用語法が日本に輸入されたものだが、日本語の語感がこれに尽くされるわけではない。その証拠に、アメリカ人が日本国籍をとっても、その人のことを「アメリカ系日本人」と呼ぶことはあまりない。また、フランス国籍やロシア国籍をとった日本人を「日系フランス人」とか「日系ロシア人」とはあまりいわない。在日韓国人が帰化して日本国籍をとっても、「韓国系日本人」という言い方は滅多になされず、依然として「在日韓国人（但し国籍は日本）」という言い方になる。このことは、日本語における「〇〇人」が、部分的にアメリカ流儀（国籍優先）を取り入れつつも、全体としてはエスニシティを強く意識した表現であることを物語る。

言葉の用法と「国民」観

こうして、さまざまな言語のあいだの違いはかなり微妙なものを含み、単純化した図式だけですっきりと割り切ることはできない。そうした微妙さを留保した上で、簡単にまとめると、ネイションおよびその関連語は、英仏では非エスニックな「国民」の意味で使われることが多い(アメリカではそれが最も徹底している)のに対し、独露ではエスニックな意味合いが相対的に濃いということになる。そして、日本語の場合、ネイションを「国民」と訳すと英仏的なニュアンス、「民族」と訳すと独露的なニュアンスになる。言い換えれば、日本語の「民族」はエスニシティと比較的近い意味合いだが、英語のネイション(特にアメリカ的ネイション観)はエスニシティと明瞭に異なる。

一つ注意事項を付け加えておくなら、この節で問題にしたのは、あくまでも「ネイション」とその同系語が各国語でどのような意味合いに使われているかということであって、それだけでもって各国の「国民」観やナショナリズムのあり方が決定されるわけではない。「ネイション」に当たる語にエスニックなニュアンスが込められているからといって、その国の国民観がもっぱらエスニックだということになるわけではない。前述したように、ロシア語の「ナーツィヤ」はエスニックなニュアンスを込めて使われるが、それとは別に、非エスニックな国民という意味で「ナロード」の語を使うことができる以上、ロシア語圏にとって非エスニックな(あるいはシヴィックな)国民観が無縁だとはいえない。逆に、「ネイション」の語が主として非エスニックな(シヴィックな)意味で使われている英仏語圏でも、それが本当にエスニシティと完全に無縁かと考えると、疑問が残る。国民観/ナショナリズムの分類としてシヴィック・ナショナリズムとエスニック・ナショナリズムを対比する考え方については第V章で改めて取り上げるが、この章で見てきた言葉の用法はその問題と直接的に対応するわけではないことを確認しておきたい。

3 ナショナリズム

「ナショナリズム」とは

これまでは、主に「エスニシティ」「民族」「国民」といった概念について考えてきた。次に、それを踏まえて「ナショナリズム」という概念について考えてみよう。

ナショナリズムは極度に多様な現象である。それは他のさまざまな政治イデオロギーと自在に結合する。リベラリズムと結合することもあれば、反リベラリズムの色彩を濃くすることもある（近年の動向としては、リベラリズムに敵対する傾向が目立ち、ナショナリズムはそもそもリベラリズムと相容れないとみなされることが多いが、歴史的には、むしろリベラリズムと手を携えて登場した）。社会主義や共産主義と結びつくこともあれば、熱烈な反共主義と結びつくこともある。ファシズムの基盤となることもあれば、ファシズムへの抵抗の思想・運動となったこともある。

このような多様性をもつ思想・運動の最大公約数的な定義を探る試みも、多くの人によってなされてきた。比較的有力なのは、ナショナリズムとは政治的単位（端的には国家）とナショナルな単位とを一致させようとする考え方および運動だというものである（典型的にはゲルナー『民族とナショナリズム』）。これは一つの明快な定義である。しかし、これで尽くされるかと考えると、疑問の余地もある。先ず、この定義においては、ネイションが文化的ないしエスニックな側面から捉えられており、そのような「ナショナルな単位」と政治的単位とがどういう関係に立つかが問題にされている。つまり、ここでいうネイションは日本語でいえば「民族」に当たり、非エスニックなネイションたる「国民」ではないということになる。

ともかく、そのようなネイション観を前提して、ある民族の分布範囲と国家の領域との関係について考えてみよう。両者の空間的な大小関係を基準にするなら、次のような四つの類型を考えることができる（なお、これまで述べてきたように、どういう範囲の人間集団を「民族」

とみなすかは、抽象的に考えるなら一義的ではないが、歴史的には、一定の条件下で「この範囲の人々が民族だ」という意識が広まることがある。以下で、「民族」の分布範囲を問題にするのはそのような状況を前提している)。

四つの類型

①第一類型として、ある民族の分布範囲よりも既存の国家の方が小さく、複数国家分立状況である場合。こういう状況の中で生じるナショナリズムは、分立状況からの統一を求める運動となる。古典的には一九世紀のドイツ統一とイタリア統一の例が挙げられる。一九五〇~六〇年代に盛んに叫ばれたアラブ・ナショナリズム(アラブ諸国の統一を求める動き)、一九九〇年に実現した東西ドイツ統一にも同様の要素がある。今日でも、朝鮮半島、中国と台湾、その他さまざまな例がある。

以上は国家が統一されていない場合だが、ある程度の統一を成し遂げていても、その国家の領土の外に、当該民族と同系統の人々がまとまって住む地域があるという状況はよくある。この場合、その地域を獲得もしくは「奪回」しようという動きが発生することがあり、これは失地回復運動と呼ばれる。

その他、領土まで求めるわけではないが、「在外同胞」の保護を推進しようとする運動なども、これとある程度似た性格をもつ。ロシアが「在外ロシア人」を保護しようとしたり、セルビアが「在外セルビア人」の保護に関心を払ったり、ハンガリーが「在外ハンガリー人」に何らかの特典を付与しようとしたりするのがその例となる。日本の場合でいえば、「日系ブラジル人」などは純然たる「外国人」よりは、どこかしら「近い」存在とみなされることが多い。

②第一類型とは逆に、ある民族の居住地域が他の民族を中心とする大きな国家の一部に包摂され、少数派となっている場合。ここでのナショナリズムは、これまで属していた国家から分離して独立国家をもとうとするか、あるいはその国家の中で政治的自治を獲得しようとする運動となる。連邦化要求とか文化的自治要求といった形をとることもありうる。この種のナショナリズムの具体例は枚挙にいとまない。

なお、ある民族が複数の国家の領土にまたがって存在し、自らの国家をもたない場合、一方では既存の国家からの独立を求め、他方ではその居住地域の統一を求めるということで、第一類型と第二類型の双方が重なることになる。過去の歴史でいえば、ドイツ・オーストリア・ロシアに分割されていたポーランドの国家復興運動とか、ロシア帝国とオスマン帝国にまたがって居住していたアルメニアの民族運動の例があり、現代ではクルド・ナショナリズムの場合(主にイラン、トルコ、イラクに分布)がよく知られている。

③ある民族の分布範囲と特定の国家の領土がほぼ重なっている場合はどうだろうか。ゲルナ

ー流の定義では、この場合には既にナショナリズムの目標が達成されているのだからナショナリズム運動は起きないということになりそうだが、そうとは限らない。一つには、領土がほぼ重なっているといっても、それは完全な一致ではあり得ず、部分的なズレがある（一方における「在外同胞」、他方における「国内少数民族」の存在）。もっとも、こうした問題については、ある程度まで第一類型や第二類型の変形と捉えることもできる。

より重要なのは、国家の範囲と民族の範囲が基本的に合致するとみなされているような国でも、「われわれは一つの民族である（はず）にもかかわらず、その一体性を十分自覚していない連中がいる。そういう連中の民族的自覚を高め、われわれの一体性をもっと強めねばならない」という考えや運動が発生することがあるという点である。

特に、対外的に種々の競争ないし対抗関係におかれているときに、「こうした国際競争に勝ち抜くためには、国民＝民族としての団結をもっと強めなければならない」という形のナショナリズムが生じやすい。古典的には国家間戦争がその最たるものだったことはいうまでもない。現代では、経済競争――「経済戦争」といわれることもある――が大きな意味をもつようになってきた。スポーツの国際大会なども、いわば戦争の代替物のような面をもっている。

④ある民族が広い空間的範囲にわたってさまざまな国に分散居住しており、どの居住地でも少数派だというケースもある。いわゆるディアスポラである。この言葉の由来はいうまでもな

くユダヤ人だが、それ以外にディアスポラの多い民族としては、中国人(いわゆる華僑)、アルメニア人、インド人(印僑)などが有名である。また、イスラエル建国後に難民として流出したパレスチナ人も新しいディアスポラの例となった。この言葉を拡大適用するなら、それ以外にも多くの例を探すことができる(在日韓国・朝鮮人について当てはめる議論もある)。

ディアスポラは、どこかに「拠点」となる「本国」が存在しているケースと、そうした「本国」をもたないケースとがある。華人および華僑(華人とは現地国籍を取っている者、華僑とは中国国籍の者というのが一応の区別だが、両者があまり明瞭に区別されていないこともある)の場合、中国が「本国」となるはずだが、出身地域(南部が多いが、その中でも地域差がある)ごとに口語が多様であるせいもあって、二〇世紀初頭以前には「中国人」としての一体性意識もなかったし、「中国人」意識が形成されてからも、大陸と台湾のどちらを「本国」とみなすかという問題がある。ユダヤ人は二〇世紀半ばまで「本国」をもたなかったが、イスラエル建国によって「本国」を獲得した(逆に、この後にディアスポラ化したパレスチナ人は、「本国」を求める運動を長く続けることになる)。アルメニアは古くに国家を失ってから第一次世界大戦期まで「本国」がなかったが、ロシア革命後、短命なアルメニア共和国(ダシナキ政権)を経て、ソ連内のアルメニア共和国が一種の擬似本国――諸外国に在住するアルメニア・ディアスポラにとっては、条件つきながらも一応の「本国」とみなされた――となり、それが一九九一年の独立で、より本格的な「本国」となった。

ディアスポラの運動は、現に居住している国の中での諸権利の獲得を重視する場合もあるが、これはその国の中での公民権運動であるので、通常「ナショナリズム」とは呼ばれない。ディアスポラの政治運動がナショナリズムとなるのは、それまで本国をもたなかったディアスポラが本国を獲得しようとする運動(シオニズムが典型)か、あるいは既に本国がどこかにあって、それとのつながりを維持し、強めていく運動という形をとる場合である。これは「遠距離ナショナリズム」の一つの例となる。

パトリオティズムとナショナリズム

概念上のもう一つの問題として、「愛国主義(パトリオティズム)」と「ナショナリズム」をどう区別するかという論点がある。

この二つの言葉の区別も幾通りかのものがある。一つの使い分けは、忠誠ないし愛着の対象の違いで、これ自体も二通りに分かれる。一つは、パトリオティズムが「愛郷心」と訳されるような狭い範囲への愛着を指し、より広い国家への忠誠がナショナリズムだというものである。もう一つは、大小関係が逆になるが、多民族国家においてはその国全体への忠誠心がパトリオティズムで、その中の一つの民族への忠誠心がナショナリズムとなる。たとえば、ソ連全体への忠誠がソヴェト・パトリオティズム、その中のウクライナへの忠誠がウクライナ・ナショナリズムという区別になる。こうした多民族国家における用語法は日本人には馴染みが薄いが、イングランド、スコットランド、ウェールズ、アイルランド(今では北アイルランドのみ)からなる連合王国(英国)でも、ある意味ではソ連と同様で、グレート・ブリテンへのパトリオティズムに対し、スコットランドやウェールズへのナショナリズムが対置させられる。いずれにせよ、この場合、パトリオティズムとナショナリズムは忠誠心の対象が異なるから、違いがはっきりしている。

もう一つの使い分けは、どの対象にコミットするかに関わりなく、そのコミットの仕方に注目するものだが、これも一通りではない。単純素朴な愛着心や仲間意識を「愛国心」、より自覚的なイデオロギーを「ナショナリズム」と区別する見方、過度にのめり込む排他的で偏狭な態度を「ナショナリズム」と呼び、より開かれた意識を「愛国主義(ないし愛国心)」とするという区別、あるいは公共性や自由を基礎としたものを「愛国主義(愛国心)」、公共性を欠いた自己中心的意識をナショナリズムと呼ぶという議論、等々がある。

これらはそれぞれに議論の方向を異にするが、どちらかというと、「愛国心(愛国主義)」の語にはプラス・イメージ、「ナショナリズム」の語にはマイナス・イメージがまとわりついていることが多い。そのため、論争の当事者たちはしばしば「私は愛国者だが、君はナショナリストだ」という傾向がある (Hugh Seton-Watson, *Nations and States*, London, 1977, p. 2)。しかし、これは実のところ単なるレッテルの使い分けでしかない。この問題はナショナリズムというものをどう評価するかという重要かつ困難な問題と関係するので、第V章で改めて論じることにする。

4 「民族問題」の捉え方

「民族」の捉え方をめぐる対抗図式

「民族」の語をネイションとエスニシティのどちらに引きつけるにせよ、それをどのように捉え、どう評価するかは非常に大きな問題であり、膨大な量の議論が積み重ねられてきた。

ここ二、三十年ほどのうちに研究者たちのあいだで優勢になってきた観点は、民族とは「つくられる」ものであり、近代社会固有の新しい現象だ、というものである。ある意味では、これが大まかなコンセンサスとなっているようにも見える。それでいながら、研究者以外の人たちの日常意識とか、現に種々の民族的な運動に携わっている人たちのあいだでは、そのような観点はあまり広くは受け入れられていないという現実がある。また、理論的にも、「つくられる」とか「近代的」とは一体どういうことなのかをめぐって、種々の疑問が出されている。そうである以上、いま述べた「大まかなコンセンサス」は一応の出発点にはなるにしても、それだけで全てが解決するわけではなく、さらなる検討が必要とされている。本書のような小著でこの大問題に十分踏み込むことができるわけではないが、おおよその方向を探ってみたい。

研究者たちのよく使う抽象的な言葉づかいでは、原初主義vs近代主義、本質主義vs構築主義、表出主義vs道具主義等々といった形で論点が整理されることが多い(用語法はここに挙げた以外にもさまざまなヴァリエーションがある)。いま挙げた三組の対抗図式は相互に重なる部分があり、そのため、それらが同一視されていることも多い。一方の側に、原初主義＝本質主義＝表出主義という等式、他方の側に近代主義＝構築主義＝道具主義という等式をおく整理である。

しかし、よく考えてみると、これらは完全に重なり合っているわけではない。それらの相互関係を解きほぐすのはかなり複雑な作業になるが、ここでは、大まかに以下のように考えてみたい(整理の仕方について、吉野耕作『文化ナショナリズムの社会学』を参考にしたが、自己流に修正を施してある)。

先の三組の対抗図式は、それぞれ次元を異にした組み合わせである。歴史解釈に関しては原初主義と近代主義とが対になり、さまざまな運動の原動力の解釈としては表出主義と道具主義(合理主義)とが対になる。そして、哲学的な認識論の次元では実在論(本質主義)と構築主義とが対になる。このように分けた場合、認識論的には構築主義的な発想が一つの重要な基礎となると考えられる。但し、それが過度の単純化に陥ったり、現実離れしたものにならないようにするためには、他の次元との関係についてやや突っ込んで考える必要がある。

構築主義と近代主義

構築主義とは、民族に限らず、さまざまな社会的概念が一定の社会的・歴史的文脈の中で「つくられる」という側面を重視する考えである。民族の「本質」というものが実体として存在するわけではなく、それが特定の文脈で「つくられる」過程に注目するわけである。そうである以上、民族は永遠不変のものではありえず、歴史の中で変化するものだということになる。その際、「近代化過程の中でつくられる」という風に考えるなら、民族はたとえ古い装いをまとっていても実は近代に生まれたものだということになり、いわゆる「近代主義」とつながる。こうした事情から、しばしば構築主義と近代主義とは同一視されている。だが、概念が「つくられる」のは近代のみにおいてではないから、構築主義的な発想を近代主義のみに限定するのは妥当でない。

近代主義の観点を過度に強調すると、前近代とのつながりを過小評価することになりかねないが、それは批判を招く余地がある。「ネイション」という言葉を近代的な意味に理解するなら、ほとんど同語反復的に「ネイションは近代の産物だ」という結論が出てくるが、その胚芽や素材のようなものについては、近代以前にさかのぼって捉えることも可能であり、実際、そうした観点からの近代主義批判もしばしば提起されている。アンソニー・スミスは師のゲルナーの近代主義が行き過ぎていることを批判し、近代的ネイションには前近代の「エトニ」という原型があるという見方を提起して、多くの人に影響を及ぼした(『ネイションとエスニシティ』)。ホブズボームはより「近代主義」寄りだが、それでも「プロト・ナショナリズム」(いわばネイションの原型)に注目することで、歴史的背景を取り込もうとしている(『ナショナリズムの歴史と現在』)。チェコ出身の研究者フロッフも、民族運動の歴史的起源とその段階的発展を重視している(Miroslav Hroch, "From National Movement to the Fully-formed Nation : the nation-building process in Europe," *New Left Review*, no. 198, March/April 1993)。

こうした問題提起には一定の意義があるが、その際、近代的ネイションの原型となったもの――スミスのいう「エトニ」――の持続的安定性ばかりを強調するなら、やや原初主義に近づき、非歴史的な固定化に陥ってしまう。前近代におけるエスニックな共同性も、それぞれの時期ごとにさまざまな条件下でつくり出され、また変容してきたはずである。そして、それが近代的ネイションに接続するとしても、それは必ずしも「同じ」カテゴリーとして引き継がれるとは限らない。中身――どのような伝統や文化をもつ民族か――が変わりうるのはいうまでもないが、「民族」の区切り方――どの集団を「一つの単位」とみなすか――も可変的であり、ありうべき複数の選択肢の中から特定のものが、近代国家の形成過程で選択される。スミスの所論はゲルナー流近代主義の行き過ぎを是正する限りで一定の意味をもっているが、前近代における「エトニ」の把握において、やや本質主義(実在論)に傾きすぎている観がある。

本書は、私自身の関心と視野の限界から基本的に近代以降の時代を対象とするが、もっと古い歴史にさかのぼりつつ構築主義的視角を生かすことも、理論的には可能なはずである。その意味で、構築主義と近代主義は近似したものをもつとはいえ、前者の方がより射程距離が長いというべきだろう。

道具主義とその限界

「構築主義」と「道具主義」も、しばしば同一視されているが、ある種の区別をすることができる。単純化していうなら、前者は「つくられる」ということを重視する観点であるのに対し、後者は「どのようにでもつくることができる」というニュアンスをもちがちである。「つくられる」ということは、さまざまな行為者の多様な作用の複合として結果的につくり出されていくということであって、特定の行為者の意図がそのまま現実化するということではない。

政治家やイデオローグが特定の集団意識をつくり出そうとしたり、あるいは特定の政治目的のために「民族」意識を利用しようとすることがあるということは、よく指摘されるとおりである。政治家・イデオローグに限らず、一般の庶民にしたところで、その帰属意識の対象はただ一つの集団であるとは限らず、複数の集団に帰属することがありうるが、そのうちのどの集団への帰属を強調するのが有利かは、その時々の状況に応じて異なる。そうした条件下では、人々は自己の帰属先を実利的・合理的判断から場面ごとに使い分けるということがありうる。こういう面に注目するなら、帰属意識は合理的判断に基づいて「道具」的に扱われるもののように見える。

その反面、そのような使い分けがいつでも自由にできるとは限らず、ある種の固定的な情念にとらわれることも少なくない。また、帰属意識を操作しようとした政治家が、逆に、自らの動員した大衆意識に束縛されるということもよくある(「はじめに」で触れた「魔法使いの弟子」のような状況)。「道具主義」的な観点は集団意識形成のある側面を捉えているものの、各人の意識的選択を強調しすぎる傾きがあり、またそれと関係して、人間行動を過度に合理主義的に捉える傾向がある。これに対して、「社会的構築」の観点は、無数の人々の意識的・無意識的選択の総体の結果的産物として種々の概念を捉えるものであり、単純な「道具主義」「合理主義」よりも幅が広い。

「つくられたもの」と「自然なもの」のあいだ

集団意識が「つくられる」過程は、集団の観点から捉える場合と個々人に即して捉える場合とで様相を異にして見えることがある。というのも、個々人にとっては、その集団意識は自分が生まれるよりも前に既に「つくられている」ため、自分が選択するものという風には受けとめられず、むしろ古くから存在する「原初の」所与と映るからである。

生まれたばかりの幼児について考えるなら、言語をはじめとする集団的文化は、遺伝子に最初から刷り込まれているわけではない。生まれてすぐに実の親から引き離されて、それとは異なる文化環境のもとで育てられた子供のようなケースを想定してみるなら、子供がどのような言語を「母語」とし、どのような文化を「自己のもの」として身につけるかは、「生みの親」よりは「育ての親」、つまりどのような環境で育てられるかによって規定される。しかし、そうした文化習得は幼児期に行なわれるために、「自ら選んだ」という自覚はほとんどない。そして、いったんある年齢までにある文化を習得してしまうと、そこからの離脱は非常に困難になる。外国語を習得したり、異文化を吸収することはあっても、それはあくまでも「外国語」「異文化」としてであって、十全に「自らの」ものにするのは、不可能とはいわないまでも、かなり困難である。

そのため、抽象理論として考えるなら言語や民族文化は絶対的・固定的なものではないにもかかわらず、子供時代の無自覚的な習得過程を経た後の成人にとっては、所与かつ変更不能のものとして受けとめられ、あたかも絶対的・固定的であるかの外観を呈することになる。文化が遺伝的現象でないにもかかわらず、しばしば「遺伝子」とかＤＮＡの比喩が使われるのは、こうした事情に由来するだろう。

「民族」は第三者的・学者的には人為的構築物と捉えられる一方、当事者にはむしろ原初的・本質的なものとして受けとめられがちだが、それはいま述べたような事情に基づくものと考えられる。実際、民族感情は外から見ると「つくられたもの」と捉えられるにしても、内からは「自然なもの」と受けとめられてこそ意味をもつ。そのことと関係して、あれこれの国のナショナリズムが対抗しているとき、相手方のナショナリズムは「政府やマスメディアによって人為的にあおられたものだ」と見えるが、自分の方のナショナリズムは「自然」に見えるということがよくある。最近の日本と中国・韓国のあいだでの歴史論争において、相手側の論調については「政治的に利用されたものだ」「上から動員されたものだ」と批判する一方、自国側については「自然な感情」とみなすといった傾向が見受けられるのも、こうした事情によって説明されるだろう。

＊

やや一般論が長くなってしまったが、抽象論はこのくらいにして、より具体的な歴史に目を向けることにしよう。

これまでも述べてきたように、「民族」の単位は、短期的には変わりにくいが、長期的には変化しうる。だからといって、どういう風にでも自在に変化するということではなく、歴史的に形成された諸条件の中で、それらに制約されながら、変化したり固定化されたりする。従って、民族についてある程度以上立ち入って考えようと思うなら、具体的な歴史的経緯に目を向けることが不可欠である。詳しく丁寧に見るためには際限なく細かい議論が必要となるが、本書の性格からして、大づかみに近現代史の流れを想起しながら、重要と思われる節目に焦点を当てることにしよう。

巨視的な歴史の流れでいえば、一八〜一九世紀頃のヨーロッパにおける近代国家形成が一つの大きな節目となり、以後、特に第一次世界大戦、第二次世界大戦、そして冷戦という「三つの大戦」の戦後処理に伴って、大規模な再編成が進行した。そこで、以下、第Ⅱ章では近代国民国家の登場、第Ⅲ章で第一次大戦後と第二次大戦後の「民族自決」、第Ⅳ章で冷戦後の新しい動向を論じることにする。

第Ⅱ章　「国民国家」の登場

「国民国家」およびそれに伴うナショナリズム・イデオロギーは、当初は地球上の限られた場所で、独自な条件のもとで発生したが、いったんそれが登場すると、強力な伝播力をもって他の各地に広がっていった。この動きに巻き込まれた地域は、それまでの歴史的経緯を大きく異にしながらも、一斉に「自前の国民国家」形成を目指すようになった。そこで、その震源地たるヨーロッパを始点として、他の諸地域における受容と変容の過程を追うことがこの章の課題となる。

1 ヨーロッパ――原型の誕生

近代的な「国民」観念およびナショナリズムの発生については、ヨーロッパ中心主義批判が叫ばれて久しい今日でもなお、やはりヨーロッパ諸国から出発しないわけにはいかない。価値評価の問題はともかくとして、歴史の一定段階でヨーロッパが果たした主導性という事実は否定しがたい重みをもっているからである。なお、「ヨーロッパの中の西と東の違い」とか、「(西欧と東欧の間に位置する)中欧」という概念をめぐっても種々の議論があるが、そうした地域区分はしばしば流動的であり、すっきり割り切れるわけではない。そこで、とりあえずは「ヨーロッパ」というゆるやかな区切りを採用し、その中でも先ず西欧ないし中欧に力点をおきながら見ていくことにする。

「国民国家」の前提条件

「国民国家」の形成には、長期的な社会変化と短期的な政治変動の影響とが重なりあって作用している。先ず長期的な社会変化としては、交通・通信手段の発展、教育の普及、出版活動の活発化(アンダーソンのいう「出版資本主義」)等々が、狭い居住範囲を超えた広い範囲でのコミュニケーションを発達させたという事情がある。そして、そうしたコミュニケーションが特定の言語によってなされることにより、その言語を共有する人たちのあいだで、ある種の一体感が形成されるようになった。

ある時期までは、文章語といえば少数の古典語(ラテン語など)だけであり、そうした古典語を習得した少数の知識人だけが文章語の世界に生きていた。文章語=古典語は人々が日常的に使う言語とはかけ離れていたが、知識人たちはもともとの出身地や日常語の違いに関わりなく古典語を習得することでコスモポリタンな共同体を形成し、一般庶民とは隔絶した世界に生きる、というのが近代語発展以前の状況だったと概括することができる。しかし、やがて庶民の話すさまざまな俗語をもとにした文章語がつくりだされ、それによって出版活動がなされるようになった。

その際、口語は無限に多様だが、その中の特定の形を基礎として標準化された文章語がつくりだされ、辞書や文法書が整備されるようになる。そうした近代的文章語の形成に際して、具体的にどのような形態が選ばれるか——多数ある「方言」のうちのどれを標準語の基礎とするか——は、抽象的にいえば多様な可能性があるが、現実の歴史の中では、近代国家の形成と表裏一体をなして、特定国家を単位とし、その国家で文化的に優位に立つ集団の言葉が標準としての座を占めるようになった。

共通の言語を基礎としたコミュニケーションの濃密化、その言語に基づいた教育の普及は、前近代におけるよりもはるかに広い範囲の人々のあいだでの経済的・文化的交流を容易なものとする。このことが近代的資本主義経済の発展と強い相関をもち、ネイション形成の重要な要因となったことについては、ゲルナーやホブズボームが詳しく論じているとおりである。

他方、短期的な政治変動としては、フランス革命に象徴される一八世紀末以降の動向が大きな意味をもった。それまでの時期においては、君主と民衆とが触れあう場面はごく限られており、「政治」というものは少数の特権的身分によって担われていたが、フランス革命は「国民の国家」という観念が主導的となる時代の幕開けを告げた。そのことは、政治の主体とされる

「国民」のあいだにどのようにして一体感を創出するかという課題を浮上させた。

これは革命を直接経験したフランスだけのことではない。ナポレオン戦争を契機に、ヨーロッパ諸国はフランスという強力な敵国と戦うためという要請から、それぞれの「国民的団結」を創りだす必要に迫られた(いわば、後の「総力戦」の論理の萌芽的登場)。そのことは同時に、フランス革命を契機とする「国民国家」観念の影響が隣接諸国に拡大していくことを意味した。ラテン語の natio に由来する「ネイション」ないし同種の言葉は、言葉それ自体としては古くからあったものだが、それが今日にまでつながる近代的な意味で広く使われるようになったのは、フランス革命を画期としている。

「国民の一体性」という観念は、現実にはそれほど広く分かちもたれたわけではない。しかし、それでも、いったん「国民国家」という自己意識をもった国家が登場すると、その国家が共通語(国家語)形成、公教育の整備、国民皆兵制度などを推進し、「国民」意識を育成するようになる。そのような政策がとられ出した後も、「国民の一体性」という観念は文字通り全国民に共有されるわけではなく、しばしば国民の中での亀裂が問題となるが、そうした亀裂をできるだけ覆い隠し、あたかも一体性が存在するかの如き外観が整備されていく。このようにして成立するのが「国民国家」である。

いま見たような流れは、ごく大まかにいえば多くのヨーロッパ諸国に共通のものと考えられるが、実際には、一口に「ヨーロッパ」といっても、個別の状況の差異はかなり大きい。あたかもヨーロッパに「純粋かつ模範的な近代」「純粋な国民国家」があったかのように想定し、非ヨーロッパ諸国の国民形成をそこからの「逸脱」「変異」「遅れ」等々とみなす見解がしばしばみられるが、実際には、ヨーロッパ諸国においても、「純粋かつ模範的な近代」「純粋な国民国家」が実在したわけではない。この点を確認しておくことは、非ヨーロッパ諸国について考える際に、実在しない「模範」に照らした「逸脱」を論じるといった倒錯を避けるために不可欠である。本書の性格上、それほど細かい事情にまで立ち入ることはできないが、ごく大まかに問題の所在を確認しておきたい。

フランス——普遍的理念を基礎とした「国民」

先ずフランスからみていこう。先に触れたように、「ネイション」ないし同種の言葉（フランス語では「ナシオン」）は、古い起源をもつとはいえ、もともとの意味としては、たとえば大学における同郷者団体などを指し、ある国家の領域内に住む全ての人とか、ましてそれらの人々の強い一体感と忠誠心の象徴といった意味を帯びてはいなかった。しかし、革命を経験する中で、「共通の法律の下に生活し、同じ立法機関によって代表される共同生活体」という「国民」（ナシオン）観が広がった。これと表裏一体をなして、革命の主体とみなされた「第三身分」（平民)が「国民」そのものと等置され、それに属さない貴族階級は「異邦人」「革命の成果を脅かす敵」とみなされた。そのような「敵」――革命に反対する国内の敵と戦争の相手となる外国の双方――に対抗して「国民」全体の統一と連帯を重視する観点から「国民の一体性」が強調された。

ここでいう「国民の一体性」は、その時点では、言語・文化などの共通性に基づくものではなかった。フランス革命当時、住民の言語は統一されておらず、後に標準フランス語とされる言語を話す人たちは全人口のおよそ半分程度だったといわれる。第Ⅰ章で使った言葉づかいでいえば、ここでのネイション/ナシオンはエスニックな統一性を基礎としておらず、従って「民族」ではなく「国民」と訳すのがふさわしいということになる。「国民」統一の基礎としては、エスニックな一体性ではなく「共和主義」という理念が何よりも重視されたのである。

しかし、ではフランスにとって「民族」としての統一性がまったく不要だったかといえば、そうはいえない。実際、フランス革命後の長い期間を通して、フランス全土に「標準フランス語」が押し広められ、フランス語を共有するフランス国民がつくりだされた。つまり、先に「国民国家」が一種の外枠として形成され、その後に、上からの政策によって言語的統一が推進されていったのであり、それがある程度以上達成された後の「フランス国民」は「民族」的な意味をも帯びることになった。その際、フランス語は「輝かしい啓蒙の理念」を象徴するものとされ、その習得が「文明」化を意味するとみなされた。ここには、普遍主義的で「理性」重視の啓蒙的発想によりながら、実際には特定言語による同化政策を推進するという特異な関係が見られる。

ナショナリズムが往々にしてはらむ逆説として、公的に掲げられる理念は普遍主義的な性格をもっていながら、「この普遍的理念を最も早く、最も徹底して実現したのはわが国だ」という信念によって、特定の国家や国民の優越性宣伝の意味をもつということがある。フランスは「自由・平等・友愛」を標語とする革命を経験しただけに、それが最も顕著だが、これとある程度類似した状況は他の国でも見られないわけではない。英仏に対する後発者の位置にあったドイツ・ロシア・日本などの場合、英仏のようなストレートな普遍主義を唱えることはできなかったが、西欧に対しては「わが国独自の精神的価値」を強調する一方、自国よりもさらに近代化後発の地域に対しては「文明化の伝達者」として振る舞うという二重性を見せた。「普遍的」理念とナショナリズムについて特異な例をなしたアメリカとソ連については後述する。

ドイツ――「民族」から統一国家へ

ドイツにおける「国民国家」形成については、フランスと対比的に捉えられることが多い。統一国家成立に先立って、ドイツ語という言語を共有するネイション（ドイツ語ではナツィオーン)形成が進んでいた点が特に注目される(ここでのネイション／ナツィオーンは「国民」ではなく、「民族」に当たる)。そのネイション／ナツィオーンの居住範囲には、元来三〇〇以上の多様な政治的単位があり、それらが統合・整理された一九世紀前半にも三九の単位があったが、それらを包括する範囲の国家づくりとしてドイツ統一が目指された、というのが通常の理解である。

もっとも、一八七一年に実現したドイツ統一はドイツ人の居住範囲と完全に重なる国家をつくったわけではない。一方からいえば、オーストリアやスイスのドイツ語圏はこれに加わらず、別個の国家としてとどまった(オーストリア問題は後に尾を引き、ナチ時代の合邦へと至る)し、長期にわたる東方植民の結果として、ドイツ国家の領土の外にも「ドイツ人」意識をもつ人々が多数住む地域があった。他方からいえば、ドイツ帝国の中には、デンマーク人居住地域やポーランド人居住地域が含まれたし、ユダヤ人も多数いた。アルザス住民の多数派は、言語的にはドイツ語のアルザス方言を主としながらも、文化的にはフランスとの親近性を濃厚に保持していた。それればかりではない。通常「ドイツ人」に属するとみなされる人たちのあいだでも地域間の文化的差異があり、たとえばバイエルンとプロイセンの差異はかなり大きかったから、考えようによっては、それらがそれぞれ別個のネイションに発展していく可能性もなかったとはいえない。

いま見たような事情を考慮するなら、ドイツ統一後もネイションと国家領土とが全面的に合致したとはいえない。しかし、現に生じた国民国家形成――プロイセン主導でのドイツ帝国形成――は、その国家の枠内での一体感を強める方向に作用した。もちろん、国家の内部での緊張関係――領邦間の対抗、カトリック教会の問題、資本主義発展に伴う階級闘争等々――も続いたが、その緊張・闘争自体が統一国家という場で展開されることにより、「場」としてのドイツ国家は存在感を強めていった。

イタリア――統一と「国民」形成のあいだ

イタリアはドイツとほぼ同時期に統一国家をつくったことから、ネイションが先にできて、それにあわせて国家がつくられた例とされることが多い。しかし、一九世紀後半の統一時に「イタリア人」というネイションがどこまで確固として成立していたかには議論の余地がある。イタリア統一(一八六一年)達成期の有名な言葉として、「イタリアはできた、イタリア人をつくらねばならない」というものがある。通常は、この言葉は統一を歓迎し、次の課題として国民形成が重要だという意味で使われるが、イタリア史家の北原敦によると、この言葉の元祖とされる政治家マッシモ・ダゼリオはこの通りの言葉づかいをしてはおらず、元の表現から彼の意図を探るなら、「イタリア統一は時期尚早に行なわれてしまったが、新しいイタリアをつくろうとするなら、先ず自分たちイタリア人自身が変わらねばならない」という趣旨だったという(北原敦「イタリアはできた、イタリア人を作らねばならない」『岩波講座　世界歴史』第二八巻付録月報、二〇〇〇年)。

「イタリア人」とされる人たちのあいだでの言語(方言)の差異、社会的・経済的・文化的な差異もかなり大きく、ある意味では「民族」の違いと見られることもある。特に有名なのは南北のあいだの違いだが、それ以外にも多様な地方的差異がある。それでいながら、ドイツと違って連邦制ではなく中央集権的な単一国家制度がとられ、国家的統一を目指す政策がとられたが、そうした政策が一世紀以上とられた今日でもなお地方間対立の問題は残っており、ときおり浮上しているのは周知のとおりである。

イギリス――複合的ネイション構造の漸進的形成

この節の最後に、イギリスに眼を向けよう。通常「近代化の最先進国」とされるイギリスをフランス・ドイツ・イタリアよりも後で取り上げるのは、やや奇異に映るかもしれない。ここでの趣旨は、イギリスが近代化の最先進国だという通説自体に疑問を投げかけようという点にあるわけではない。むしろ、まさしく「最先進国」であることに伴う特殊性ともいうべき要素に注目してみたい。イギリス以外の諸国の近代化過程においては、何らかの先発国が「模倣されるべきモデル」として存在していたのに対し、イギリスだけはそうした先行モデルをもたなかったという点で特異である。また、近代化過程が長期にわたって漸進的に進行したため、古い要素も遅い時期まで残ったという特徴もある。こうしたことを考えるなら、イギリスにおける「国民国家」形成過程はあまり「典型的」とはいえない。むしろ、フランス革命という短期的な政治的衝撃に直撃された諸国を先ず見てから、その後でイギリスに眼を向けた方が分かりやすいのではないかというのが、この順序をとった理由である。またもう一つには、次節で取り上げる「帝国」としての要素もあるため、次節へのつなぎの意味ももたせることとしたい。

先ず、日本語で「イギリス」という場合、それはイングランドを指すのか、それともスコットランド、ウェールズ、(北)アイルランドを含んだブリテン国家を指すのかという両義性がある。これはイングランドを中核としながら、他の地域を統合する中で近代国家形成が進んだという歴史的経過と結びついている。イングランドとスコットランドの同君連合は一六〇三年、合同は一七〇七年のことだった(ウェールズの合同はもっと古く、アイルランドの合同はもっと新しい)。合同の時点では、ブリテン国家としての一体性はまだなかったが、だからといって、「イングランド人」「ウェールズ人」「スコットランド人」という明確な個別のアイデンティティが確立していたわけでもない(スコットランドの場合、高地と低地の差異も大きかった)。近代的ネイションの意識の形成よりも前の時期である以上、「ブリテン人」意識もなければ「スコットランド人」意識も確立していなかったわけである(別の例を引き合いに出していえば、一八世紀のウクライナ人が「ロシア人の一部」だったといえないと同時に、明確な「ウクライナ人」アイデンティティを確立していたわけでないのも、これと同様である)。

その後、各地ごとの独自性を残しつつ「ブリティッシュネス(ブリテン性)」という意識も次第に登場した。これは一つには、交通・通信・出版の発達による文化的接近・融合の産物であり、とりわけ「英語」＝イングリッシュの普及が大きな役割を果たした。それと並んで、ヨーロッパ大陸との差異の意識が重要であり、対フランス＝カトリックという対抗意識がブリテンという統合を成り立たせたとされる(リンダ・コリー『イギリス国民の誕生』)。

ともあれ、英国(グレート・ブリテン)は複合的ネイション構造をもつ国家として成立したが、こうした複合国家においては、愛国主義(パトリオティズム)とナショナリズムの関係が単一ネイションの国家よりも複雑なものとなる。第Ⅰ章第3節で触れたように、愛国主義は国全体(ブリテン)に向けられるものであるのに対し、ナショナリズムは個別ネイション(スコットランド、ウェールズなど)に向けられるものという区別がある。微妙なのは、ブリテン全体の中核たるイングランドの場合で、ここにおいてはブリテンと区別されるイングランドのナショナリズム(English nationalism)という観念が成立するかどうか自体が論争的である。「イングランド・ナショナリズム」などという概念はありえないとする論者がいる(シートン＝ワトソン、ホブズボームら）一方、コリーのように「イングランド・ナショナリズム」の存在について語る論者もいる。もっとも、コリーも「ウェールズ、スコットランド、さらにはイングランドのそれぞれのナショナリズム」という書き方をしていて、イングランドのナショナリズムを最後におくことで、これが必ずしも自明な概念でないことを示唆している。

一九世紀後半に高まったスコットランド・ナショナリズムの場合、その基本性格はイングランドからの分離を主張するものではなく、緊密な連合関係を前提するものだったといわれる。大英帝国を活躍の場とし、自らをその担い手とするスコットランド人のアイデンティティは、ブリテンへの帰属を否定するのではなく、むしろイングランドとの対等なパートナーとしての認知を求める方向のものだった（ロシア帝国およびソ連におけるウクライナと似たところがある）。これに対し、アイルランドのナショナリズムはイングランドへの抵抗と独立論に傾斜した。またスコットランドでも、後年の話だが、英国の国際的地盤低下を背景とし、北海油田の発見にも刺激され、一九七〇年代には分離志向のナショナリズムが現われるなどといった歴史的変遷がある。

このように「本国」自体が一様でない一方、大英帝国は海外植民地を含む巨大な複合体だった。世界各地に広く存在するさまざまな植民地は、その統合の形態や度合いにおいて多様であり、同化＝包摂と異化＝排除の関係も均質ではなかった。つまり、大英帝国における国民統合は、「本国」と「植民地」の二項だけですっきりと整理されるようなものではなく、それぞれが多層性を含む複雑な構造をなしていた。このような多層性は、後にロシアや日本についてもみることになる。

先に、フランスについて「普遍的」な理念を旗印にしたナショナリズムという特徴を指摘したが、イギリスの場合、とりわけ経済面でこれと類似した事情があった。自由貿易主義という考え方は、それ自体として抽象的にいえば、あたかも「普遍的」な原則であるかにみえるが、不均等な発展の現実の中では、相対的優位に立つ国を利する効果をもつ。自由主義イデオロギーが特定国家の世界的優位を正当化する役割を果たし、そのような中心国家の一種独自のナショナリズム・イデオロギーともなるという構造は、一九世紀から二〇世紀前半にかけてのイギリスで典型的に見られたものであり、その後、アメリカに引き継がれた。

2　帝国の再編と諸民族

「帝国」という言葉にはいくつかの異なった用法がある。二〇世紀前半に、それまで存続していた一連の帝国が相次いで倒れたことにより、この言葉はいったん過去の存在となったかに思われていたが、最近になって急激に再浮上し、流行語とさえなっている。こうした最新流行の「帝国」論は第Ⅳ章第1節で取り上げるとして、一九世紀末から二〇世紀半ばくらいの時期においては、「帝国主義」という言葉がよく使われた。それは「近代国民国家」「近代資本主義」の発展を前提し、その上に成り立った現象を指す言葉である。これに対して、前近代の一連の帝国(いわば古典的な帝国)は「国民国家」観念が広まる前の存在だった。

つまり、ごくおおざっぱにいって、国民国家以前の「前近代の帝国」、国民国家以後の「近代帝国(主義)」、そしてごく最近の「新しい帝国」などがあるということになる。ごく新しい動向である最後のものは後回しとして、歴史を考える際には、「前近代の帝国」と「近代帝国(主義)」の区別、そして前者から後者への転化過程が重要な位置を占める。

「前近代の帝国」と多民族共存

国民国家が台頭するよりも前の「前近代の帝国」は、広大な領土を支配し、その中には多種のエスニシティが住んでいたが、統治の密度が低かったため、民衆は国家とはあまり関係なしに生活しており、特定の支配民族の文化による統一が強行されることも基本的になかった。もちろん支配エリートとなるには、支配的宗教への帰依および支配的言語の習得が必須とされたが、その条件さえ満たせば、出自としては異民族であっても高い地位につくことができた。

このような「国民国家以前」の帝国においては、中心的な民族への同化政策がとられることもあまりなかったから、オスマン帝国は「トルコ人の帝国」ではなく、ハプスブルク帝国は「ドイツ人の帝国」ではなかった。ロシア帝国も、ドイツからやって来たエカチェリーナが帝位についたり、異民族出身の貴族が少なくなかったことに示されるように、「ロシア人の帝国」ではなかった。ロシア語で「ロシアの」を意味する形容詞は二通りあり、一方(ルスキー)が狭義のエスニックなロシア人に関わるのに対し、他方(ロシースキー)は広義のロシア帝国内の住民全般に関わるという区別があるが、「ロシア帝国」という場合の「ロシア」は後者だった。

オスマン帝国でイスラームが支配的な位置を占めたことはいうまでもないが、それ以外の一神教(キリスト教諸派およびユダヤ教)を奉じる集団にも一定の自治が付与された(いわゆるミッレト制)。こうした特徴を指して「柔らかい専制」などと呼ばれることもある。もっとも、これはあくまでもムスリムと非ムスリムの不平等を前提した限定的自治であり、近代的なリベラリズムとか寛容とは異なるが、ともかく多宗教・多民族・多言語の住民を広くかかえ込んだ国家における一つの共存の方式ではあった(鈴木董『オスマン帝国』、同『イスラムの家からバベルの塔へ』など)。

同様のことは一八世紀のロシア帝国にも当てはまり、たとえばエカチェリーナ二世はイスラームが統治に有用であるとみなして、対イスラーム寛容政策をとった。現代のロシア・ナショナリストの中には、かつてのロシア帝国が多様な異民族を広く受け入れ、活躍の場を与えていたことを指摘し、ロシアは寛容な帝国だったと強調する傾向がある。しかし、これはロシアが異例に寛容だったということではなく、むしろ前近代の帝国に一般的な傾向というべきである。当時においては、「国民の強固な一体化」という課題がまだ浮上していなかったし、あまりにも広大な領土を支配する帝国は、その全体の均質化など考えようもなかったからである。

「国民国家」観念の浸透と帝国の変容——オスマン帝国の場合

しかし、一九世紀とりわけその後半にもなると、これらの帝国にも西欧の影響で「国民国家」観念が浸透するようになり、それに対応するための変容が迫られだした。古い帝国のもとでは必要でなかった中心的民族による周辺民族の文化的同化と統合が、「国民国家」のもとでは必要となる。しかし、それを下手に強いるなら、周辺民族の反撥を招き、かえって帝国の統合を揺るがしかねない。このディレンマは、この時期以降の帝国に共通してつきまとったものである。ハプスブルク、オスマン、ロシア、清朝の各帝国はいずれもこのようなディレンマをかかえ、一九世紀末から二〇世紀初頭にかけて大きな変容を経験した。ここでは先ずオスマンについて簡単に触れ、その後でロシアとハプスブルクを取り上げることにする（清朝については、第4節で取り上げる）。

もともとオスマン帝国は多宗教・多言語・多民族の国家であり、統治エリートとなるにはイスラームへの帰依と「オスマン語」――基本はトルコ語だがアラビア語・ペルシャ語の要素を吸収していた――の習得が必須だったとはいえ、出自がムスリム・トルコ系である必要はなかった。彼らの自己意識は「トルコ人」というよりは、むしろ「オスマン人」として特徴づけられた。一九世紀に「国民国家」観念が流入したときも、「オスマン人」全体を均質的な「国民」とする方向での国民形成が試みられた(オスマン主義)。

しかし、多様な住民の全体を統合するのは極度に困難だったことから、むしろトルコ語を話す「トルコ人」の団結論――トルコ・ナショナリズム――が登場することになる。ところが、そのことはかえって非トルコ系住民の対抗的ナショナリズムの登場を刺激し、やがては帝国解体への動きを促す結果になった。

なお、チュルク語(トルコ語より広い同系統諸言語)を話すムスリムは、ロシア帝国領にも多数住んでいた(長縄宣博の研究によれば、第一次世界大戦前夜の時点でロシア帝国のムスリム人口はオスマン帝国のそれを上回っていた)。一九世紀末~二〇世紀初頭にはヴォルガ・タタールやクリミヤ・タタールなどのあいだから、西欧文明の影響を受けて、イスラームを近代化に適合させようとし、世俗教育を重視する「イスラーム改革運動」があらわれたが、こうしたロシア・ムスリムの動きはオスマン帝国の知識人とのあいだに密接な相互影響関係をもつことになった。

ロシア帝国――「公定ナショナリズム」政策とその限界

一六世紀から一九世紀のあいだに急激に膨張したロシア帝国の特徴は、その獲得した領土の広大性、居住する諸民族・エスニシティの多様性にある。ロシアによる併合の時期や経緯は地域によって異なり、ロシア人と非ロシア諸民族の相互関係も一様ではない。東スラヴとしての言語的・宗教的共通性をもつウクライナとベラルーシ(但しポーランド支配の経験とカトリックの部分的影響という独自性がある)、相対的に古い時期に併合された地域(ヴォルガ流域など)、より遅い時期の併合地といった多層性がある。

帝政の統治の様式も地域によって異なった。たとえば、フィンランドは一九世紀初頭にロシア帝国領となった後も、「大公国」(その大公はロシア皇帝が兼ねる)として一定の自治を認められ、独自の憲法をもっていた(一九世紀末以降、この自治の剝奪か維持かが大きな争点となる)。中央アジアでは、北部が直接統治下に組み入れられたのに対し、南部のブハラ侯国とヒヴァ汗《はん》国《こく》はロシア帝国の保護国という地位におかれた。ポーランドは経過が複雑だが、ウィーン会議後のポーランド王国(「会議王国」)はロシアとの同君連合で、当時としては自由主義的な独自の憲法(一八一五年)をもつことを認められた。しかし、その後、対ポーランド政策が厳しくなり、ポーランド士族の反乱を招いた。

帝国内諸民族に対するロシア人のまなざしも一様ではなく、あるものに対しては「恐れるべき強大な敵」(主にポーランドなど西方の諸民族に対して)、あるものに対しては「文明を広めるべき未開者」(主に東方の諸民族に対して)、そしてまた東スラヴの諸民族に対しては「一心同体」であるはずだとの同胞意識(但し、あくまでもロシアが「兄」であり、ウクライナとベラルーシは「弟」だとの前提で)、といった多様性をもっていた。こうした素描は図式的に簡略化したもので、実際にはもっとニュアンスに富むが、ともかく確認できるのは、自己を頂点におき、他者全てを一様に見下すという単一ヒエラルヒー構造型ではなかったという点である。これは英仏のような「先進国」が自己を世界の頂点におく単一ヒエラルヒー意識をもっていたのとは異なる後発帝国の特徴である。

一九世紀半ば以降、西欧の「国民国家」およびナショナリズムに対抗するため、ロシア帝国においても、それまでよりも緊密な「国民」統合の必要性が感じられ始めた。「正教・専制・国民性」という有名なスローガンがこれを象徴する。上からの「国民」創出を目指す政策であり、シートン＝ワトソンやアンダーソンらによって「公定ナショナリズム」と呼ばれているものである。もっとも、アンダーソンが指摘しているように(『想像の共同体』第六章の注6)、この政策はロシア帝国に特有なものではなく、国民国家の時代以前から存続していた帝国が遅ればせに国民国家の条件への適応を図る際にとられる政策として、他の多くの諸国と共通のものである。

「公定ナショナリズム」政策がとられ出してからも、ロシア帝国はあまりにも広大な領土をかかえ、あまりにも多様な諸民族(エスニシティ)を包摂していたため、その全体を均質的な「国民」に仕立て上げることは極度に困難だった。確かにロシア語教育の普及やロシア正教布教の努力も払われたが、それは帝国臣民の全体を包括するものとはなりえず、むしろロシア語・ロシア正教を頂点としながらも、その下に多様な文化をあいまいな形で共存させる制度がとられた。その意味で、ロシア帝国における「公定ナショナリズム」は——しばしばいだかれがちなイメージとは違って——中途半端かつ不徹底なものとしてとどまった。

こうした国民統合政策は、時期による揺れ——一九世紀末における強化とそれへの反抗としての民族運動の興隆、一九〇五年革命を契機とする一定の譲歩、その後の巻き返しなど——を含みながら帝国末期まで継続されたが、完成からほど遠い段階で帝国の崩壊を迎えることとなった。こうして、帝国から国民国家への変容の試みは多くの点で矛盾をかかえ、貫徹するいとまのないうちに中断したが、そのことは後継者たるソ連に、どのようにして国民統合を進めるのかという困難な課題を遺贈することになった。

ハプスブルク帝国——二重帝国体制と諸民族

ハプスブルク帝国にも多様な言語・宗教・文化をもつ住民が混住し、日常的に接触しあう状況があった。ある時期までは、大都市に流入した非ドイツ系農民はドイツ語の覇権に異を唱えることなく、ドイツ人に同化されるかに見えたが、一九世紀におけるナショナリズム興隆の影響で、むしろ個々の民族としての意識を保持し、その自己主張を強める動きを見せ始めた。

ハプスブルク帝国は一八六七年の「アウスグライヒ(妥協)」により、オーストリア=ハンガリー二重帝国体制をとることになった。この体制のもとでは、オーストリア部とハンガリー部はそれぞれ独自の統治機構をもち、外交・軍事およびそれにかかる財務のみが共通処理事項とされた。こうして、ハンガリーは名目上オーストリアと対等の地位を獲得したが、二重帝国内の他の諸民族の地位の問題はオーストリア・ハンガリーそれぞれの内部に残った。

オーストリアとハンガリーはいずれも多民族的な住民構成をもっていたが、それぞれの民族政策は異なった。ハンガリー王国はクロアチアに対してはアウスグライヒの小型版による自治を認めたが(「ナゴドバ」体制)、それ以外の諸民族(ルーマニア人、スロヴァキア人など)に対しては、ハンガリーの「国民国家」としての純化政策(フランス型の同化主義)をとった。

他方、オーストリアでは一八六七年の憲法で、すべての民族は平等である、すべての民族はその民族の特性と言語を守り、育てる権利を有する、教育・行政および公共の場においては、その地域で使われている言語の平等性が国家によって保証される、という原則が打ち出された。

この原則はそのまま現実となったわけではないが、ともかくその方向での努力が払われたことに注目して、今日の多言語主義・多文化主義の先駆とみなす見解もある。

もっとも、そこでいう「民族」をどのように定義し、また平等をどのようにして実現していくかは、簡単には解決できない問題だった。まず、ユダヤ人は宗教的集団であって「民族」の定義に当てはまらないとされたから、ここでの平等化の枠外におかれた。「民族」と認定された集団の中にも勢力の強弱があり、相対的に有力な少数派であるチェコ人やポーランド人と、より弱小のルテニア人(ウクライナ人)などのあいだには大きな格差があった。チェコ人が多数派のボヘミアでは、チェコ人とドイツ人のあいだで、言語政策と官吏の地位をめぐって複雑な紛争が展開した(一八九七年バデーニ言語令とその撤回など)。

特異なマイノリティとしてのユダヤ人

ロシア、ハプスブルク、オスマンの各帝国のいずれにも、無視できない規模のマイノリティとしてユダヤ人(ユダヤ教徒)が住んでいたが、その背景や状況はそれぞれに異なる。十字軍時代以降のヨーロッパで迫害されたユダヤ人は東のポーランドに大量に流入し、またスペインからはオスマン帝国に流入した(当時、ポーランドもオスマン帝国も西欧のようなユダヤ人迫害をしていなかった)。一八世紀末の三次にわたるポーランド分割により、その大きな部分がロシア帝国に引き継がれ、その結果、一九世紀から二〇世紀前半にかけて、ロシア帝国およびその後継者たるソ連は世界最大規模のユダヤ人口をかかえこんだ。また、ハプスブルク帝国には、旧ポーランド領をはじめ各地に少なからぬユダヤ人が居住していた。これらの東方ユダヤ人(アシュケナジムと呼ばれる)は、イディッシュ語(ドイツ語を核として、ヘブライ語・スラヴ諸語の要素をまじえた言語)を主に使っていた。これに対し、オスマン帝国ではスペイン系ユダヤ人(セファルディムと呼ばれる)が多かった。

ユダヤ人は民族か否かということがしばしば問題とされる。この問いへの答えは「民族」の定義いかんによるし、当事者がどのような意識をいだいているかにもよるから、そもそもただ一つの「正解」があるわけではない。ある時期以降、西ヨーロッパ諸国のユダヤ人のあいだでは、言語的・文化的・宗教的に周囲の多数派に同化する傾向が広まり、「民族」としての実体的特徴の多くは薄れつつあったが、にもかかわらず周囲の多数派から「あいつはユダヤ人だ」と名指されることが「ユダヤ性」の主要要素となった。つまり、「本来の意味でいえばもはやユダヤ人でなくなりつつあるはずだが、それでも他者からユダヤ人とみなされ、そのことを本人も意識することで、ある種の「ユダヤ性」を帯びる人々」という入り組んだ自己意識がその特徴をなすことになる。

これに対して、ロシア帝国のユダヤ人は、一九世紀後半にある程度の同化傾向が始まったとはいえ、それがあまり進まないうちに一九世紀末以降のポグロム(虐殺)にあい、帝政末期まで全体としての同化度は低かった。大多数がユダヤ教とイディッシュ語を維持し、限定された地域に集中的に住んでいるという意味では、「民族」とみなされうる度合いが相対的に高かったことになる。とはいえ、その居住地域での多数派ではなく、「集中している」といってもそれほど濃密な密集ではないため、その居住地で独自の国家をつくることは不可能だった。そうした事情を背景に、ある部分は後述の「文化的自治」論に傾斜し、他の部分は、どこか余所の地に「ユダヤ人の国家」を建設しようという考え(シオニズム)を唱えるようになった。後にイスラエルに移住するユダヤ人のうちかなりの部分は、ロシア帝国およびその隣接地域から移住した人たちだった。

一九世紀末以降、ロシア帝国におけるユダヤ人ポグロムの波や第一次大戦・革命の混乱の中で、多くのユダヤ人がロシアやポーランドから西欧・中欧諸国に流入した。そのことは、在住国に同化しつつあったヨーロッパ・ユダヤ人と新たに流入した東方ユダヤ人の関係という新たな複雑な問題を引き起こした。

社会主義者たちの民族論

一九世紀末から二〇世紀初頭にかけてのハプスブルク帝国とロシア帝国は、ともに多民族帝国であるだけでなく、近代的労働運動・社会運動の興隆という点でも共通性をもっていた。西欧で生まれた社会主義の思想と運動は、元来は民族問題を理論の中心においていなかったが、この両帝国で社会主義運動に従事する者は、否応なしに民族問題にぶつからざるをえなかった。今日では、社会主義・マルクス主義の総体が、その内部の諸潮流ごとの差異にかかわらず全体として影響力を大きく後退させ、人の関心を引くこともあまりなくなっているが、一九世紀から二〇世紀にかけての歴史を振り返るときには、やはり無視できない位置を占めていた以上、この両帝国における社会主義者の民族論について、簡単にでも振り返っておく必要がある。

オーストリア社会民主党の一八九九年のブリュン綱領は、オーストリアの民主的多民族連邦国家への転化を目標として掲げた。その前提には、属地主義に基づいた民族別地域の自治という発想があったが、諸民族の混住する地域ではこれだけでは問題の解決にならないことから、地域自治(属地主義)と属人主義の組み合わせという考えがオットー・バウアーらによって提起された。属人主義とは、少数民族が地域を超えて形成する公法団体に学校運営などを委ねるという考えであり、「文化的自治論」とも呼ばれる(但し、オーストリア・マルクス主義のもう一人の代表的イデオローグたるカール・レンナーは属人主義一元論をとり、また「文化的自治」の表現を退けた)。

なお、ドイツ社会民主党の有名な指導者カール・カウツキーは、プラハ(当時ハプスブルク領)で生まれ、当初はオーストリアで活動を開始して、上述のブリュン綱領に影響を与えた。また、ドイツの革命家として知られるローザ・ルクセンブルクはロシア領ポーランド生まれの同化ユダヤ人であり、彼女の民族論についてはそうした背景を考慮する必要がある。いずれにせよ、これらの例に見られるように、通常「ドイツの」運動家・理論家とみなされている人たちの中にも、オーストリアやロシアの状況は色濃く影を落としていた。

オーストリア・マルクス主義の文化的自治論は、ロシア帝国内で活動する左翼的民族運動、とりわけユダヤ人ブンドに強い影響を及ぼした(もっとも、ドイツやオーストリアではユダヤ人は民族ではないという見解が優勢だったのに対し、ブンドはユダヤ人が民族であることを前提するというズレがあった)。ロシア帝国内ムスリムの社会運動は、集中居住を前提した地域的自治および連邦化論と、非領域的な文化的自治論(後者は分散居住のタタール人のあいだで強かった)とに分かれた。レーニンおよびスターリンがブンドへの対抗という観点から領土的民族自決論を特に強調したことはよく知られている。もっとも、この論争における対抗は、当事者たちの党派的論争の過熱のせいもあって、実質以上に過大評価されているところがある。オーストリア・マルクス主義者のうちバウアーは地域自治と文化的自治を組み合わせる主張をしていたし、後のソ連も文化的自治の要素を全面的に排除したわけではないから、両者の開きは通常思われているほど大きかったわけではない。ソ連について詳しくは第Ⅲ章第3節で後述するが、指導的な政治家・理論家の言説と、彼らに象徴される国の現実の政策とは必ずしも全面的に対応するわけではないということも押さえておく必要がある。

3　新大陸——新しいネイションの形

これまでの二つの節では、ヨーロッパおよびそれと隣接する地域を取り上げてきた。これらはそれぞれに実情を異にしながらも、「旧大陸」に存在し、そこにおける人々の移動は地続きのものだったという点で共通する。これに対し、大洋を隔てた南北アメリカおよびオセアニアの「新大陸」は、移民による国家形成という点で、大きく異なった特徴をもつ。もっとも、「新大陸」とか「移民の国」という言葉づかいは植民者の側から見た言い方であり、現地にはもとからの先住民がいたわけだが、当時においては先住民は——またアフリカから連れて来られた奴隷も——国家形成から排除されていたから、その当時における国家・国民の形成過程という観点からは、とりあえず「移民の国」というほかない。

それぞれに出身地を異にする移民たちが先祖の伝統から切り離された環境の中で新しい国家を形成するという経緯から、新大陸におけるネイション形成はエスニシティを基礎とするものにはなりえなかった。ネイションとエスニシティを連続的に捉えるか非連続と捉えるかはそれぞれの地域の歴史的事情によるが、旧大陸では連続性が比較的強いのに対し、新大陸ではむしろ非連続性が強い。アメリカを中心に一九七〇～八〇年代以降に盛んになったエスニシティ論がネイション論と峻別されていることの一因はこの点にある。

アメリカ――超エスニックなネイション

アメリカ合衆国では、さまざまなエスニシティが地理的にあまり集中することなく、分散的に住んでいる。一つの都市の中のある街区というレヴェルでは特定の系統の人々が固まることがあるにしても、州のレヴェルで「この州は〇〇系のものだ」という風になることはない。国家制度は分権性の高い連邦制だが、その基本単位としての州は住民のエスニック構成と対応していないのである。

もっとも、特定の民族的マイノリティが多数派となる州をつくることも論理的にはありえたが、それは意図的に回避されたのだとの指摘もある。マイノリティがその伝統的居住地域で多数派を形成していた場合、その地域は州とはされず、線引きの操作によって彼らを少数派としたり(フロリダ)、人口構成が変わって彼らが少数派となるのを待ったり(ハワイ、アメリカ南西部)、あるいはプエルトリコやグアムのように彼らが少数派に転落する見込みのないところでは、州とする代わりに「自由連合州」とか「保護領」が設定された、というのである(キムリッカ『多文化時代の市民権』邦訳、四一〜四二頁）。そうした問題はあるにしても、ともかく結果的にいえば、アメリカの諸州はエスニシティとの対応をもたない形でつくられた。

住民の分布が州と対応しないだけでなく、国家建設の基本的理念として、エスニックな紐帯による統合ではなく、むしろ異なるエスニックな背景をもつ人々が自由・平等・民主主義という普遍的理念のもとに結集するのだという自己意識がアメリカでは伝統的に強い。もっとも、それだけなら全人類の一体性を説くコスモポリタニズムになってもおかしくはなさそうなものだが、現実には、特定の領土をもつ特定の国家として、他国と対抗的関係に入る中で、「アメリカ人」としてのネイション形成が進められた。

その際、一面では「万人に開かれた国」という建前をもちながら、他面では、実際に受け入れられる移民には限りがあり、また「アメリカ人」として統合されうる対象も限られているという閉鎖性があった点が注目される。「劣等人種」（主に非白人）は統合されえないという観念により、そもそも受け入れないか（移民制限、また一世に対する国籍付与拒否）、あるいは一応受け入れたとしても（出生地主義の国籍法制により、二世には自動的に国籍が付与される）、一人前の市民にはなりえないとみなされた。他方では、統合可能とされる範疇の人々に対しては、「アメリカ的生活様式」や「アメリカ的生活水準」の普及を通した「アメリカ化」が推進された。このような、ある部分の排除とある部分の同化によって、「アメリカ人」というネイションの形成が一九世紀末から二〇世紀前半にかけて進められた(松本悠子『創られるアメリカ国民と「他者」』)。

このように実際には排除される部分を内にかかえていたとはいえ、理念の上では、「アメリカ的自由」という観念が一種のナショナル・シンボルとなったという点に、アメリカ社会の一つの特徴がある。フランスのナショナリズムが「啓蒙・民主主義の祖国たるフランス」という普遍的価値を看板とすることを先に指摘したが、「アメリカ的自由」もこれと似たところがある(もっとも、その理念の「普遍的な」建前のために、アメリカではそれを「ナショナリズム」と呼ぶこと自体があまりなされず、その代わりに「アメリカニズム」という言い方がとられる)。

アメリカでは自由主義が生活様式そのものとなり、そのことが、逆説的な表現だが「教条的な自由主義」「自由主義の絶対主義化」「自由主義的画一性」等の現象を生み出したとの指摘があるが(ハーツ『アメリカ自由主義の伝統』)、これは「自由主義」のナショナリズム・イデオロギー化とも言い換えることができる。「普遍性」の標榜が国民統合の軸となり、特異なナショナリズムの原理となったのは、ある意味でかつてのソ連とも似たところがある。それは「革命によって建国された国」という共通性があるためであり、単なる偶然ではない(アメリカニズムが社会主義と類比される普遍的イデオロギーの装いをとったという点について、古矢旬『アメリカニズム』

参照)。

カナダ・オーストラリアと多文化主義

同じ移民の国でも、カナダでは、ケベックのようにフランス語系住民が集中している州がある点で、アメリカ合衆国型と異なる。カナダで「ネイション」の語をどのように使うかは論争的だが、英語系とフランス語系という二つのネイションがあるという考え方が有力である。そうした事情を背景として、多文化主義という発想が一九六〇年代以降に強まり、種々の論争を経ながら公認の位置を占めるようになった。

非英語系諸集団のうち、相対的に有力な位置を占め、早い時期に政治的に注目されたのはケベック州のフランス語系住民であり、ケベックの地位が連邦制再編問題の焦点となった。もっとも、フランス語系住民のみに特別の地位を認めることは他のマイノリティからの反撥を招くことから、フランス語系にとどまらず、ウクライナ系、ドイツ系、中国系その他の移民や、先住民などの問題も次第にクローズアップされるようになり、一九七〇年代には公的政策として多文化主義をとることが宣言された。

オーストラリアの場合、当初は、いわゆる「白豪主義」(白人優先政策)がとられていたが、第二次世界大戦後に、先ず非英語のヨーロッパからの移民が増大し、次いでアジア系移民も増大した。そうした中で、かつては完全に無視されていた先住民を含め、また多様な文化的出自をもつアジア系移民をどのように統合するかという問題意識が次第に高まり、多文化主義の提唱が広まった。

多文化主義は一九七〇年代以降のカナダおよびオーストラリアで公式の政策となっただけでなく、その影響はアメリカ合衆国にも及んだ。かつて合衆国の主流的な発想は「人種の坩堝《るつぼ》（メルティング・ポット）」論だったが、ある時期以降、むしろ「サラダ・ボウル」論が有力な位置を占めるようになった。メルティング・ポットとは、多様な人種・エスニシティが融合し、単一の「アメリカ人」になるという考えだが、そこにおける融合の目標は、事実上、いわゆる「ワスプ（WASP。白人・アングロサクソン・プロテスタント）」をスタンダードとする同化であり、他の文化を劣等視する発想だということが批判され、諸文化の対等性が強調され出した。

他面、特にアメリカでは、多文化主義は国民統合の解体をもたらすのではないかという観点からの危機感をもつ論者も少なくなく（アーサー・シュレジンガー・ジュニア『アメリカの分裂』）、この問題は依然として論争的である。それとは別に、多文化主義はあたかも少数派の権利を尊重するかのようでありながら、所詮は特定の公認集団の存在様式を固定化しつつ限定的な権利を与えるにとどまるのではないか、という見地からの批判も出されている。

多文化主義という考え方は、ここで取り上げた国々だけの問題ではなく、近年では、より広く一般的にも議論されるようになった。「国民」としての統合と、エスニックな個性の尊重（さまざまな文化の平等）とを両立させようとする考えはかなり多くの人々を引きつけ、一つの有力な思潮となっている。もっとも、多文化主義は既存の「文化」を固定的な単位とみなすことを暗黙の前提としがちであることへの批判論もある。どのような集団の中にも、その集団の枠自体に反撥する少数派がいるし、また集団間の境も流動的であるはずなのに、多文化主義はかえって既存の「文化」を共有する（と想定された）集団の枠を固定してしまうという問題である。

ラテンアメリカ諸国のネイションとナショナリズム

ラテンアメリカの場合、一九世紀の独立国家成立はエスニックな契機によるものではなかった。宗教はほぼ全面的にカトリック、言語的には圧倒的にスペイン語および一部ポルトガル語だから、旧大陸において「民族」形成の重要指標とされる言語と宗教からいえば、たくさんの国に分かれて独立する必然性はなかったようにも見える。にもかかわらず複数の国が誕生したのは、植民地時代の行政的な区画を受け継いだという事情が大きい。

ベネディクト・アンダーソンの有名な「官僚の巡礼の旅」という議論は、この点と関わっている。イベリア半島出身の官僚のキャリアは本国のマドリードを含み、また複数の植民地に及んだのに対し、現地生まれの官僚はいくら出世してもマドリードに到達しないことはもちろん、メキシコならメキシコの中、チリならチリの中という限定された範囲を「巡礼」した。そのような「巡礼」経路をともにする人たちのあいだで「われわれ」意識が生まれ、それがそれぞれの「ネイション」の基礎となったというわけである。

そのようにして独立国が形成されたとはいえ、ラテンアメリカ諸国の住民はエスニックな一体性をもっているわけではなく、種々のエスニシティ間の差異と対抗がある。初期においては、先住民は政治的主体として扱われず、現地生まれのスペイン系(クリオーリョ)とイベリア半島出身者との対抗が主だったが、時間の経過の中で、イベリア半島出身者の比重は低下し、それに代わってさまざまな度合いの混血(メスティーソ)が増大した。それに伴って、「クリオーリョ」の語も、スペイン語話者というよりも、混合的な言語使用者を指すようになり、今日の英語・フランス語で「クレオール」といえば、混成語・混成文化、また混血の人などを指す。

ある時期以降のラテンアメリカでは、混血の比重が増大し、先住民も自己主張を始めるなどして、新しいエスニックな対抗関係が生じてきた。しかし、そうしたエスニック問題は各国の「国民」形成と関係づけられているわけではない。ラテンアメリカにおける「ナショナリズム」は、基本的に個々の国家ごとの現象であり、エスニックな軸によってはいない。

こういうわけで、新大陸におけるネイション形成はエスニシティとは基本的に切り離されている。ナショナリズム論の古典とされるアンダーソンの『想像の共同体』がもっぱらネイションについて論じていて、エスニシティに触れていない――彼の後の著作ではエスニシティが新たに取り上げられているが――のは、同書が新大陸とりわけラテンアメリカを重視していたこととと関係する(同書の第四章および増補版への序文参照。なお、彼本来のフィールドたるインドネシアについては本書第Ⅲ章4節で触れる)。

4　東アジア――西洋の衝撃の中で

ヨーロッパで生まれた「国民国家」観念が隣接地に広がって複雑な再編をもたらしたのがロシア、東欧、中東地域などであり、大洋を隔てた地に移植されたのが新大陸だったとするなら、東アジアはこれらよりもやや遅い時期に、その強烈な衝撃を受けることになった。

西洋の衝撃のもとで近代国家化の努力を開始したという構図は東アジアの各地に共通するが、その帰結は大きく異なった。長らく東アジア国際体系の中心だった中国は一九世紀後半以降にヨーロッパ諸国への従属化を余儀なくされ、朝鮮は国際的角逐《かくちく》の中で日本に従属させられたが、日本は独立を確保した上に自ら植民地帝国化の道を歩んだ。そのため、中国と朝鮮では「国民国家の樹立」が「達成すべき目標」としての性格を強烈に帯びたのに対し、日本では、「近代国家化」が相対的に早期に達成される一方、「国民国家」にしては大きすぎる空間を「帝国」として包摂することに伴う矛盾をかかえ込むことになった。

中国――清朝とその変容

清帝国の再編と解体は、第2節で取り上げた「前近代の帝国」の一つの例とみることができるが、いくつかの独自な特徴をもっていた。

中国およびそれを取り巻く東アジア世界は、大まかにいって、「中華」理念を前提して、文明の中心(「華」の領域)から周縁(「夷」の領域)へと同心円状に広がる体系をなしていたと捉えられる。この常識的イメージに対しては、近年の研究で種々の批判と修正が提起されているようだが、漢字で書かれた文書の膨大な蓄積による独特な文明が強い統合力をもっていたこと、また前近代の世界の通例として明確な「国境」の意識がなく、「文明の中心」から離れた地域での境界線は不明瞭なままだったことは一応確認できるだろう。

ある地域の中で相対的に「高度の文明」を自認する集団が他の集団を「野蛮」とみなし、「開化」の対象と位置づけるというのは、世界各地でよく見られる現象であり、中国だけの特徴ではない。しかし、漢字文明の際だって強い文化的ヘゲモニーは、これがあたかも唯一の中心であるかに自認する意識を遅い時期まで保存することを可能にした。もっとも、軍事的には北方の騎馬民族集団が古くから何度も襲来し、政治的支配者の地位についたこともあったが、その場合にも文化的には漢字文明に同化することが多かった。それだけに、他の国々と並ぶ一つの国家として自己を意識せねばならなくなったことは、中国にとって大きな衝撃となった。

もう一つ重要なのは、一七世紀から二〇世紀初頭の中国を支配した清朝はまさしく外来王朝だったという事実である。儒学と漢字文化を最上位におく「華夷《かい》思想」においては内陸アジア世界はあくまでも「夷」の世界にとどまり、「華」の世界に組み込むことができなかったが、一元来が「夷狄《いてき》」の出身だった清朝の支配者は「華夷思想」を批判して、「中外一体」という一種独自の多元主義的統合原理をとることで、漢人中心の世界と内陸アジア世界(モンゴル、新疆、チベットなど)を結びつけ、後の中国に引き継がれる領域統合を進めた。その広大な領土には、多数の異なった文化・言語が存在し、宗教的には儒教、シャーマニズム、チベット仏教、イスラームが併存していたが、その全体が一つの領土に統合されたことは、その後の中国における「国民」形成への一つの歴史的前提となった(平野聡『清帝国とチベット問題』、同『大清帝国と中華の混迷』)。

一九世紀に清朝の政治統合が弛緩する中で、北からはロシア、南からは英仏の勢力が迫ったことは大きな試練となった。アヘン戦争とその後の経過は、当初においては、限定的な通商の承認と「洋務運動」(西洋技術の導入による近代化)で対応可能であるかにも見えたが、結局は、西欧主導の近代国際関係の中にその一員――しかも実質的には従属的な一員――として参入していくという形に転じていった。

大英帝国がその影響力をチベットにまで及ぼそうとしたとき、かつてチベット仏教の保護者として振る舞った清皇帝はもはや明確な対応を示すことができず、清とチベットのあいだで相互不信が強まった。このような統合のほころびが生じる一方、清朝盛期に形成された領域国家観においてチベットは中国の一部と位置づけられていたことから、後に引き続く「チベット問題」が生み落とされた。また、「朝貢国」という地位にあったヴェトナムは清仏戦争を経てフランスの保護領とされ、朝鮮および琉球は日清戦争を経て日本の支配下に落ちることになった。

近代国際国家体系への参入は、自らも「国民国家」となることを要請した。トルコ人の帝国でなかったオスマン帝国で一九世紀末〜二〇世紀初頭にトルコ・ナショナリズムが登場したように、漢人の帝国でなかった清帝国にも漢人ナショナリズムともいうべきものが登場した。清朝の支配者が満州人という、漢人にとっての異民族だったことから、排満興漢論が高揚し、一九一一年の辛亥革命へと至った。しかし、このような特定民族(漢人)のナショナリズムは広大な領土における多民族統合の要請と抵触するというディレンマがあった。「排満」の考えを徹底するなら、満州やモンゴルの独立国家への分離を認めることにもつながるが、それは前代から受け継いだ領土の大幅な縮小を意味するからである。これはオスマン・ハプスブルク・ロシアなどの諸帝国が一九世紀末から二〇世紀初頭にかけて直面したのと似たディレンマということができる。

この難問への一つの回答として、「五族共和」論(漢・満・蒙・回・蔵)が唱えられるようになり、そこにおいては、「中華民族」は個別の下位民族(エスニシティ)を超えた、広いネイションとしての統合と想定されるようになった。しかし、観念においては対等な下位民族の一つであるはずの漢人が、現実には圧倒的な重みをもち、政治的・文化的にも中心的な位置を占めるため、個別エスニシティを超えた統合であるはずの「中華民族」論は実際には漢民族・漢文化への同化を意味するという新たなディレンマが発生した(村田雄二郎「中華ナショナリズムと『最後の帝国』」蓮實重彦・山内昌之編『いま、なぜ民族か』東京大学出版会、一九九四年所収)。

近代以前の「日本」

日本における「国民」意識の形成をどこまでさかのぼれるかという問いは、容易に答えられるものではなく、ここで本格的に論じられる域を超えている。大ざっぱにいって、島国という条件は——辺境の諸島の位置づけに曖昧な面を残し、また海上交通による交流の意味も無視できないとはいえ——相対的には、世界の他地域からの隔絶と内部での一体性醸成に有利に作用しただろう。とはいえ、その「一体性」の度合いにはもちろん時期による差があり、超歴史的に一貫していたわけではない。戦国時代末期までは、東西などの地域差も大きかったし、周辺諸地域との海域交流も活発であり、「日本」としてのまとまりはそれほど強固なものではなかった。その後、織豊政権により国家統一がなされ、国境管理も強められた。こうして成立した領域国家が徳川政権に引き継がれて、後の「国民国家」につながる一体性が形成されていった。もっとも、それがどこまで強固に確立したものだったかは、見方によって異なる。

江戸時代のいわゆる幕藩体制は、一面では諸藩の自立性を残しながら、他面では参勤交代制度に象徴される集権制をも特徴としており、国家としての統一度をそれまでよりも高めた。度量衡や通貨も次第に標準化の方向に向かった。武士のみならず、庶民のあいだでも、商業の発展、寺子屋教育や出版の拡大などにより、緩やかな意味での「日本」意識が生まれつつあった。

他面、「国」という言葉は「日本」の全体ではなくその行政単位を指しており、まだ統一国家という意識は薄かった。幕藩体制は集権と分権の微妙なバランスの上に成り立っており、後者の側面に注目すれば、独立性の高い諸藩の連合という風に見ることもできる。琉球王国が薩摩藩と清朝の双方に服属していたことに示されるように、「内」と「外」の区別も必ずしも明確でなかった。言語についていえば、話し言葉のレヴェルでは方言の差異が大きかったし、書き言葉は漢文、候文などの多種類が併存し、統一的な近代的文章語は確立していなかった。

明治維新——近代国家化の開始

このような状況を大きく変え、本格的な「国民国家」形成の契機となったのは、いうまでもなく明治維新とその後の国家建設である。抽象論としていえば、幕末・開国の転換期に諸藩の連合が複数の国家を形成するという可能性も、ありえなくはなかったと考えられる。しかし、現実の歴史の経過としては、日本列島に複数の国家がつくられることはなく、単一の国家として近代国家化を開始することになった。それと並行して、江戸時代には位置づけの曖昧だった沖縄や北海道も明確に「日本の領土」とされ、中国(清朝)やロシアとの国境も確定されて、領域国家化が完成した。

沖縄の琉球王国は元来、薩摩藩と清朝の双方に服属していたが、明治政府は琉球王国を先ず琉球藩とし、ついで琉球藩を廃して沖縄県を設置しようとした。この試みは琉球側の抵抗と中国(清朝)の抗議にあって難航し、琉球を二分する案(宮古、八重山を中国領とする)が日中間でいったん合意に達した後に流産したりするなどの入り組んだ経緯があったが、結局、日清戦争を経て「日本の中の沖縄県」という地位が確定した。

蝦夷地(一八六九年に北海道と改称)は、近世初期においては松前藩に委任されていたが、ロシアとの対抗関係の中で幕府直轄にされた(その後、いったん松前藩に戻されてから再び直轄化)。元来「異域」とされていた蝦夷地が明治国家によって「内国」とされたのは、ロシアとの対抗という要因によるものであり、その論拠として「日本人・アイヌ同祖論」が持ち出されたりしたが、これは一貫して維持されたわけではなく、対露外交上の駆け引きとしての便宜という性格を帯びていた。

エスニシティの観点からは、明らかに和人と区別される言語・文化伝統をもつアイヌはもとより、沖縄の言語・文化も「本土」とのあいだに小さくない差異をもっていた。しかし、北海道・沖縄とも明治国家の初期から「内地」と扱われ、その後、長期にわたって文化的同化の方針が強烈にとられた。

明治国家と国民統合

明治国家は幕藩体制よりもはるかに集権度の高い統一国家となった。廃藩置県と秩禄処分により、それまでの世襲身分制は解体され、「国民」は基本的に等質の存在とみなされるようになった(少数の華族のみ例外)。明治政府は西欧型の近代国家制度を急速に導入し、法制の整備を通じて、全国に斉一的な制度を及ぼしていった。この統一国家領土内の住民は、さまざまな地域差を含むとはいえ、ゆるやかな意味では、それまでに形成された文化的・言語的共通性がある程度あり、そのことが、国家による国民創出政策の相対的成功に有利な条件をなした。もっとも、明治初期における各地方言の差異は相当大きく、「標準語」普及のためには、「内地」

の中でも強烈な同化の推進が必要とされた。

近代国家化が公教育の普及、郵便・通信・交通網の整備などを伴うのは周知のとおりだが、それは「一つの国家」という枠組みの中での経済活動活発化の前提条件をつくった。全国規模での経済的取引、人的交流、それに伴う諸地域文化の他地域への伝播などといった現象は江戸時代から徐々に進みつつあったが、明治以降の近代化過程の中でよりいっそう急激に進展した。こうして形成された「国民経済」の一体性は、「国民」形成の重要な基礎となった。

それまでゆるやかなものにとどまっていた「国民」の一体感を強固化するために、天皇を頂点とする政治的権威の単一ヒエラルヒー構造としての確立およびそれを正統化するイデオロギーの大衆レヴェルへの浸透が目指されたが、その道は曲折していた。長らく現実の政治権力から離れ、その権威を広く国民に浸透させてはいなかった天皇を一挙に至高の権威とするため、明治初期においては、祭政一致と神仏分離が推進され、神道を明確に国教とする動きさえもあった。しかし、急進的な廃仏毀釈は、仏教勢力を国民統合に利用する必要があったことから後退を余儀なくされ、また「文明開化」の時代潮流の中でキリスト教布教もいずれは容認せざるをえなかった。明治憲法は「信教の自由」を「安寧秩序を妨げず、及び臣民たるの義務に背かざる限りにおいて」という条件つきでうたった。その際、神社神道は祭祀であって宗教ではないという説明(神道非宗教説)によって、その宮中祭祀化が保証された。神社神道が祭祀に限定された一方、宗教としての神道諸派はそれとは別に「教派神道」という位置を与えられた。神社神道は国家的地位を確保して、全国にわたる公式のヒエラルヒーを構築する一方、教派神道は実質的には他宗教との混淆《シンクレティズム》(習合)の要素を残しながらも、「神道」として神社神道と連続するかの外観をとるようになった。

こうして、「非宗教」として諸宗教に超越する位置をもつ神社神道(国家神道)、キリスト教進出への対抗のため神道と並ぶ高い位置を再び確保した仏教、国家神道と異なりながらもあいまいな連続性の外観をもつ教派神道、国家への忠誠という条件つき「信教の自由」のもとで布教を容認されるようになったキリスト教諸派、そして危険な存在として完全に合法秩序の外におかれた諸宗教(「邪宗」と見なされたいくつかの新興宗教および「危険思想」たる共産主義)、という価値序列が形成された。最後のカテゴリーを別にすれば一応の多元性と「自由」が存在したことになるが、それらが体系的に序列づけられ、全体として「臣民」を統合する構造がつくられた。

近代国家形成と歩みを同じくして形成された国家神道は、一面ではそれまでにあった民間信仰と一定の連続性をもつことで大衆を動員したが、他面では、多様な民間信仰の土俗性を切り落とし、特定の神々(記紀神話に出てくる神々、皇統に連なる人々、国家に功績ある人々)だけを祀るべき対象とすることで、大衆の信仰を国家に吸収しようとした。「国事」に殉じた戦死者を祀るためにつくられた招魂社の頂点である東京招魂社が別格官幣社靖国神社へと改組された(一八七九年)のは、その最大の例である。明治憲法発布(一八八九年)の翌年には教育勅語が発布され、天皇から「臣民」への命令として列挙された諸徳目が教育の中核におかれた。これと前後して、全国のほとんどの学校に天皇皇后の「御真影」が下賜され、拝礼の対象とされた。このようなイデオロギー的統合がどこまで強固に大衆の内面を捉えたかについてはにわかに断じがたいが、ともかく外面的には反抗を許さない体制がつくられ、その鋳型の中で「臣民」としてのネイション形成が進められた。

植民地帝国化とその矛盾

このようにして「国民国家」化が進められる一方、明治国家発足からあまり時間を隔てずに、まず台湾、ついで朝鮮を領有するようになり、その後も大陸への進出が続いた。そのため、近代日本においては「国民国家」の形成と「植民地帝国」化とがほぼ同時並行で進行することになった。つまり、江戸時代以来の「内地」のレヴェル、明治初年に「内地」と位置づけられた北海道および沖縄(もっとも、いくつかの重要法律の施行が他府県よりも遅れるなど、「十全には内地でない内地」という二面的な性格が残った)、早期に植民地として包摂された台湾・朝鮮、より遅い時期に支配下におかれた「満州国」・中国各地・東南アジア各地といった風に、幾重にも重層化される形で「国民」形成が進められたのである。

西欧に比して後発の帝国として出発した日本は、英仏に代表される先発帝国のように自らを全世界の頂点と位置づけることができず、先発国への憧れと模倣、それへの対抗意識と反撥というアンビヴァレンスに引き裂かれざるをえなかった。西欧諸国に対して秘かなコンプレックスをもつ一方で、「より遅れている」とみなされる地域に対しては保護者的な態度をとるという二面性は、ロシア帝国とも似たところがある(但しロシアの場合、西欧と地理的に接しているためにアンビヴァレンスの起源が日本よりもはるかに古いという点に特徴がある)。

多民族帝国としての近代日本における「国民統合」は、一体性をどのようにしてつくりだすかに関して複雑な矛盾をかかえていた。「同化政策」という言葉がよく用いられるが、立ち入って考えるなら、文化の次元における同一化(典型的には言語における同化＝日本語化政策)と、法制度の次元における同一化(平等化)とを区別する必要がある(この論点は、駒込武『植民地帝国日本の文化統合』による)。

植民地地域で日本語教育の普及をはじめとする文化的統合(日本人化)の政策がとられたことは周知のとおりである。もっとも、明治期においては、「日本語」の近代文章語としての確立自体がこれから取り組むべき課題だったし、朝鮮語および中国語はいずれも日本統治以前に文章語を形成していたため、朝鮮・台湾における同化政策は、「内地」とされた北海道・沖縄ほどに徹底することはできなかった（植民地時代末期になって、文化面の同化政策は頂点に達し、「創氏改名」を含む「皇民化」政策へと至る）。

文化的同化が容易には全面化し得なかったことは、朝鮮・台湾の人々は一面で「日本人」のはずでありながら、他面で「日本人」ではないとみなされるという矛盾した位置におかれたことを意味する。そのことと関連して、戦前期においては、「大日本帝国」の多民族性は自明の前提だった。現実問題として異質性が高いからこそ、それをどのようにして統合するかをめぐり、各種の政策と議論が交錯したのである。いわゆる「単一民族国家」観は、むしろ戦後になって、植民地を切り離す中で強められた（小熊英二『単一民族神話の起源』、同『〈日本人〉の境界』）。

文化面での「同化」が、実態はともあれ方向性としてはほぼ一貫して追求されたのに対し、法制度の次元においては「内地」と「外地」の原則的差異が維持された。台湾総督および朝鮮総督には、「法律の効力を有する命令」を発する権限が与えられた（台湾では一九二一年以後、総督の命令公布の範囲が制限され、内地法の延長施行が原則とされたが、実際の適用は例外が多く、法域としての特殊性は事実上維持されたといわれる）。また、植民地の人々は「大日本帝国臣民」とされる一方、戸籍法上の扱いは「内地」の日本人と異なった。「内地」に本籍をもつ日本人は戸籍法の適用を受けるのに対し、朝鮮人・台湾人は戸籍法の適用を受けず、「外地」に戸籍をもつものとされ、その法的地位は明確に区別された。

法的権利の最大の象徴である参政権についていうなら、明確な差異が末期まで維持された。帝国議会への選挙権付与は、ようやく戦争最末期に、徴兵制施行への見返りの意味で規定された——但し、「内地」では既に廃止されていた納税額による制限を伴う——が、選挙の機会のないままに植民地帝国の崩壊を迎えることとなった。帝国全体への参政権と区別される植民地自治としての「朝鮮議会」「台湾議会」設置構想もときおり浮上したが、実現には至らなかった。

「植民地的近代化」とその後

他面では、植民地統治の一環として、交通・通信設備の建設、教育の拡大などの政策も実施され、それに伴って出版活動なども盛んになった。地方レヴェルの諮問機関への参加をはじめ、植民地の人々を帝国統治の末端に組み込む政策もとられ、特に末期には拡大した。植民地時代における「近代化」の評価は論争的な問題だが、「近代化＝善」という価値判断を離れて、よかれ悪しかれ伝統的社会秩序が掘り崩され、都市化・教育普及のもとで新しい社会構造が形成されることを「近代化」と呼ぶなら、植民地統治下においても一種の近代化が——但し、もちろん「本国」の利益に従属する形で——進められたことは否定しがたい。

そのような「植民地的近代化」の進行、諮問機関への参加、そして日本人官吏の人手不足を補うための末端行政機構への動員などは、植民地における体制内参加の拡大をもたらした。反日運動の挫折から「転向」を余儀なくされた朝鮮人のあいだからは、少なからぬ「対日協力」者があらわれた。このような状況を指して、非自由主義的な公共性としての「植民地公共性」を想定できるのではないかとする問題提起もある（並木真人「『植民地公共性』と朝鮮社会――植民地期後半期を中心に」朴忠錫・渡辺浩編『「文明」「開化」「平和」――日本と韓国』慶應義塾大学出版会、二〇〇六年所収）。

日本統治以前の朝鮮には、近代「国民国家」としては未確立にもせよ、とにかく朝鮮王国の歴史があったのに対し、台湾の場合、どのような範囲で「国民」が形成されるかという問題がより複雑だった。もともとの先住民はマレー系の人々だったが、オランダ統治期を経て一七世紀後半に清朝の支配下に入る中で中国大陸南部からの移民が増大し、住民構成が長期的に変化した。国家制度としては清朝の直接統治地域とされ、科挙に合格するエリートも生まれるなどして、萌芽的な「中国国民」の一構成要素となる動きも進行しつつあった。しかし、中国が「国民国家」として確立しないうちに、日清戦争後に台湾は日本に領有された。

その後の台湾は大陸とのつながりを断たれ、日本の植民地支配システムに組み込まれたが、いわばその「裏側に張りつく」ようにして、「台湾」というレヴェルでの社会統合も進んだ。植民地的な歪みを伴いつつ進められた近代化――交通・通信・行政・教育システムの建設や出版活動の展開――により、独自の知識人層が誕生したのは朝鮮と同様である。彼らは「大日本帝国」の臣民とされながらも、その上昇可能性に大きな制約があることから、「日本人」とは異なる「台湾人」意識を徐々に形成した。他面、大陸との往来は制限されていたとはいえ、完全になかったわけではなく、「中華」ナショナリズムの影響も及び、中国革命への合流の志向もあった。もっとも、当時の中国共産党は台湾の解放を中国革命の一環とするのではなく、むしろ独自の「台湾革命」を目標としていた。こうして、日本支配からの解放後の展望が「中国というネイション」への合流なのか、それとも「台湾というネイション」の形成なのかという問題は、未決のまま将来に持ち越されることとなった(若林正丈『台湾抗日運動史研究』)。

＊

この章では、部分的に後の時期にも触れたとはいえ、基本的には一八世紀から二〇世紀初頭くらいの時期を中心として、国民国家／ナショナリズムの登場過程を、いくつかのグループに分けて見てきた。二〇世紀の歴史はさらに新しい要素を付け加えた。そうした変化を追うのが次章の課題となる。

第Ⅲ章　民族自決論とその帰結——世界戦争の衝撃の中で

1　ナショナリズムの世界的広がり

一九世紀末頃まで、「国民国家」観念およびナショナリズムの広がりは、基本的にヨーロッパとその隣接地域——ギリシャ、ハプスブルク帝国、ロシア帝国、オスマン帝国など——の中での現象にとどまっていた。しかし、一九世紀末～二〇世紀初頭ともなると、西欧列強の勢力が世界各地に波及する中で、植民地化の脅威にさらされたさまざまな地域で、自国の独立と「国民国家」化を目指すナショナリズム運動が広く興隆した。

この時期には、運輸・通信手段が飛躍的に発達し、電信技術は世界を瞬時に結びつけることを可能にした。現代の高速通信に比べればはるかに初歩的なものだとしても、ともかく「初期グローバリゼーション」の時代が始まったことになる(梅森直之編『ベネディクト・アンダーソン、グローバリゼーションを語る』)。中国、キューバ、日本、ポーランド、トルコ、フィリピン等々、遠く離れた地域におけるナショナリズム運動の事例が、広く世界各地に伝えられ、互いに刺激しあうという関係が誕生した。それらのナショナリズム運動は相互に影響しあいながら、それぞれに勢いを強めていった。

こうした背景の中で、各地のナショナリストはそれぞれ「われわれの固有かつ独自な伝統」を強調した。しかし、そのように「伝統」を再発見したり、創り出したりして、「国民的団結」を生み出そうとする運動のパターンは、むしろ意外なほど相互に類似している。その理由として、一つには、西欧で生まれた「国民国家」観念の「モデル」としての強力なアピール力、もう一つには、「初期グローバリゼーション」以降における世界各地の民族運動の呼応・相互刺激関係を挙げることができる。

「民族自決」論の登場

諸民族がそれぞれ自己の運命を自ら決定すべきだという「自決」ないし「自己決定」の考えは、用語法もその解釈も多様であるとはいえ、フランス革命以降の国民主権観念の広まりの中で、さまざまな人々によって提出された(なお、日本語としては「(民族の)自決」と「自己決定」は異なった文脈で使われるが、英語ではともにself-determinationであり、主体が集団か個人かという重要な違いがあるにせよ、発想としては共通するものがある)。もっとも、「自決」の意味内容については種々の解釈の余地があり、またその主体となりうる集団については比較的狭い捉え方がされるのが通例だった。

一九世紀半ば以降のヨーロッパでは、一八世紀末に国家を失ったポーランドの国家復興論が多くの人々の同情を引いていた。それ以外に、独立論がある程度以上広い注目を集めた例としてアイルランドがある。しかし、これらはいわば例外であり、より小規模な、あるいは「未開」とみなされた集団は、より大規模かつ「文明的な」民族に吸収され、統合されるのが「歴史の進歩」であると考えられていた。マルクスやエンゲルスも、ジョン・スチュワート・ミルのような自由主義者も同様であり、この問題に関する限り、自由主義と社会主義のあいだに原則的差異はなかった。

このような「自決」観に立つなら、「自決」とは広く一般的に適用される原則ではなく、ごく限定的な対象——規模が大きく、独自の伝統をもつヨーロッパのいくつかの民族——のみに適用されるものだということになる。しかし、いったん一部の民族に「自決」論が当てはめられると、他のさまざまな民族も「自分たちにもその原則が適用されるべきだ」と主張する運動を始め、相互に鼓舞しあいながらナショナリズム運動が各地に波及していくことになった。

既存の政治秩序に批判的立場に立つ社会主義者のあいだでは「自決」という考えが早くから広まり、一八九六年の第二インターナショナル・ロンドン大会決議(但し、この決議についてはさまざまな解釈がある)や、一九〇三年の第二回ロシア社会民主労働党大会採択の党綱領に取り入れられた。レーニンがオーストリア・マルクス主義者との論争の中で、領土的な民族自決権を強調したことについては第Ⅱ章2節で前述したとおりである。

もっとも、レーニンは権利の保有とその行使とを区別し、自決権の行使(つまり分離独立)はあまり望ましくなく、むしろ大規模な国家の維持が望ましいとしていた(離婚の自由は保障されるべきだが、だからといって離婚を奨励すべきではないという比喩で説明された)。オーストリア・マルクス主義者もオーストリア国家の領土的一体性の維持を前提していたし、ボリシェヴィキ以外のロシアの社会運動も、ロシア帝国の分解ではなく、その民主的連邦への再編を要求するものが大勢だった。こういうわけで、自決論がスローガンとして広まりつつある一方、大国家の小国家への分裂が連鎖反応的に生じるという事態は大半の人にとって予期されていなかったというのが二〇世紀初頭の情勢だった。

画期としての第一次世界大戦

こうした状況を大きく変えたのは、第一次世界大戦およびその戦後処理過程である。ウェストファリア条約(一六四八年)以降の国際社会体系は諸国家相互の主権尊重・内政不干渉を大きな原則とするから、他国の中での分離独立運動を外から支援することは内政干渉として排斥される。ここには、「国際社会」というもののある種の保守性——といって語弊があるなら、現状維持志向——がみられる。しかし、大規模な戦争に際しては、国家枠組みの変動がいやおうなしに問題となり、特に終戦時の戦後処理において、それにどのような決着を付けるかが問われる。そのため、普段は安定している国家の枠が大戦の終結時には大規模な変更の対象となる。これが第一次大戦後に生じた現象であり、後に見る第二次世界大戦後および冷戦終焉後も同様である。

第一次世界大戦のもう一つの意義として、「総力戦の時代」の開始という点が挙げられる。広汎な大衆が政治に関与するようになるのは「国民国家」成立期以来の一貫した傾向だが、総力戦の過程では特に広く深く国民動員が展開され、そのことが戦後の各国の政治編成のあり方に影響する。第一次大戦後の世界では、旧植民地地域でのナショナリズムが高揚しただけでなく、既に「国民形成」を一応終えたはずのヨーロッパ諸国でも、総力戦への参加の一種の対価として参政権拡大や社会保障政策などが展開され、国民統合の再建が図られた。ここにみられる大衆民主主義、福祉国家化の進展などといった現象は、第二次世界大戦後により大規模に引き続いていくことになる。

「民族自決」のシンボル化

第一次世界大戦の渦中に、ドイツは「民族」という武器を利用してロシア帝国を揺さぶろうと考え、戦後におけるポーランド国家の復興を示唆した。ロシアの側も、一九一七年の二月革命(新暦では三月)後に成立した臨時政府が、戦後に独立ポーランド国家を創設することを提唱した。いずれも、敵国の支配下にある地域を独立させて、自国の同盟国にしようという思惑を秘めた外交的駆け引きの一環だったが、ともかくこのような態度表明がなされたことは、ポーランド以外の諸民族を含めた独立運動を刺激した。

またイギリスは大戦中にマクマホン＝フセイン往復書簡で独立アラブ国家創設を約束する一方、バルフォア宣言ではパレスチナにおけるユダヤ人の民族郷土創設の支持を表明した。これらは民族自決論と直接結びつけられていたわけではないが、ともかく新しい独立国家創設支持の態度表明と受け取られ、前者はアラブ人、後者はユダヤ人の運動を刺激した。しかし、生まれるべき独立国家のあいだには大きな矛盾がはらまれており、これが後のパレスチナ紛争の淵源をなしたことはよく知られているとおりである。

ロシアの臨時政府は一九一七年三月二七日(新暦では四月九日)の声明で、「諸民族の自決の原則に基づく平和」を目標として打ち出した。これは臨時政府の主流をなす自由主義者を社会主義者が突き上げる形で提起させたものだが、レーニンの率いるボリシェヴィキは臨時政府の態度の非一貫性を批判して、より強く自決論を提唱した。ウィルソン米大統領が講和の原則として提起した有名な「一四ヶ条」(一九一八年一月)は、このようなロシア情勢の展開への対応という性格をもっていた。「一四ヶ条」そのものは「民族自決」の語を直接使ってはいないが、ポーランドの独立には明示的に言及しており、またその直後のウィルソン発言は自決論を公けに承認した。

このようにして大戦終結時に現われた「自決権」をめぐる一連の議論は、理念の戦いであると同時に、国際政治における影響力をめぐるヘゲモニー争いでもあった。問題は、誰が「自決」の主体であり、それをどのように適用すべきかについて無数の解釈があり、それらのあいだでの抗争が不可避となった点である。

ウィルソンの「民族自決」はネイションを主体としていたが、第Ⅰ章で触れたように英語のネイションは主に「国民」の意味だから、これはむしろ「諸国民の自決」ともいうべきものである(なお、後の時代には自決権の主体としてピープルの語を使う傾向が広まるが、これは「民族」からいっそう遠ざかる意味をもつ)。しかし、当時まさしく「自決」の適用が争われたドイツ・東欧・ロシア地域では「ネイション」の同系語はむしろエスニックな「民族」というニュアンスで受け取られていたし、そもそもどの集団が「国家」を獲得するかが未定の段階では、誰が「国民」かをあらかじめ確定することはできなかった。そうである以上、さまざまな集団の思惑が食い違い、多くが幻滅することは不可避だった。レーニンとボリシェヴィキの「民族自決」にせよ、ウィルソンとヴェルサイユ体制の「民族自決」にせよ、レトリックと現実のあいだに大きなギャップがあったことを捉えて、「欺瞞」とか「裏切り」という風に捉える議論があるのは不思議ではない。しかし、もともとこの原則が多様な解釈可能性をもつ以上、すべての関係者が満足するということはあり得なかった。

理論的に考えるなら、「自決」の権利をもつのはどの集団かという問いに対しては無数の主張が競合的に乱立し、そのどれが正しいかを抽象的原理によって決定することはできない。現実問題としては、国家をつくりうる集団をネイションとし、そのネイションに自決権を認める、という考えがとられるほかない。だが、これは煎じ詰めれば、「国家をつくる人間集団が国家をつくる」ということになり、同語反復《トートロジー》でしかない。

ともあれ、このようにして「民族自決」のシンボル化が生じ、シンボル争奪戦の政治が展開される時代が始まった。その最も大きな実験場となったのが、次に見る中東欧諸国である。

2　戦間期の中東欧

旧帝国の崩壊と新国家の形成

ドイツ・ハプスブルク・オスマンの三帝国が第一次世界大戦の敗戦国となり、ロシア帝国が革命により瓦解したことは、中東欧を支配してきた帝国の一斉の崩壊を意味した。こうして、それまで諸帝国に支配されていた諸民族の国家をいかにしてつくるかが問題となった。大戦末期の時点では、ハプスブルク帝国の解体があらかじめ確定していたわけではなく、むしろ、国際秩序のあまりにも急激な変動を避けるために、ハプスブルク帝国の版図を何らかの形で残そうという発想が列強の政治家たちのあいだでは優勢だった。しかし、大戦の終結は多民族帝国の解体と一連の新国家の創出を否応なしに日程にのぼせた。

ヴェルサイユ体制のもとで、一連の民族が「民族自決」論の名の下に独立を獲得あるいは回復したのは周知のとおりだが、新国家の形成と国境線の確定には大きな困難があった。あらゆる民族に一つずつの国家を与えるのは事実上不可能だったし、どこに国境線を引いても、少数民族問題は残らざるを得なかったからである。結果的に、ポーランドは大きな領土を獲得し、それと関係して内部に大量の少数民族をかかえることとなった。ルーマニアも戦勝国として領土膨張を実現し(ハンガリーからトランシルヴァニアを奪ったほか、ロシア帝国領だったベッサラビアも獲得した)、内部に少数民族問題をかかえることになった。単純な言い方をすると、これらの国は相対的に大きな領土を獲得し、その意味で「得をした」かのようだが、そのことによってかえって複雑な少数民族問題をかかえ込み、また隣国からの領土回復要求に怯えねばならなくなった。

これらとは対照的に、ハンガリーは敗戦国として領土を一挙に縮小され(戦前の領土の三分の二、人口の五分の三を失った)、国外に多数のハンガリー人が残るということになった。このことは戦間期のハンガリー政治において失地回復主義が大きな役割を演じるもととなった

（在外ハンガリー人問題は今日に至るまでデリケートな問題であり続けている）。

マイノリティ保護論とその限界

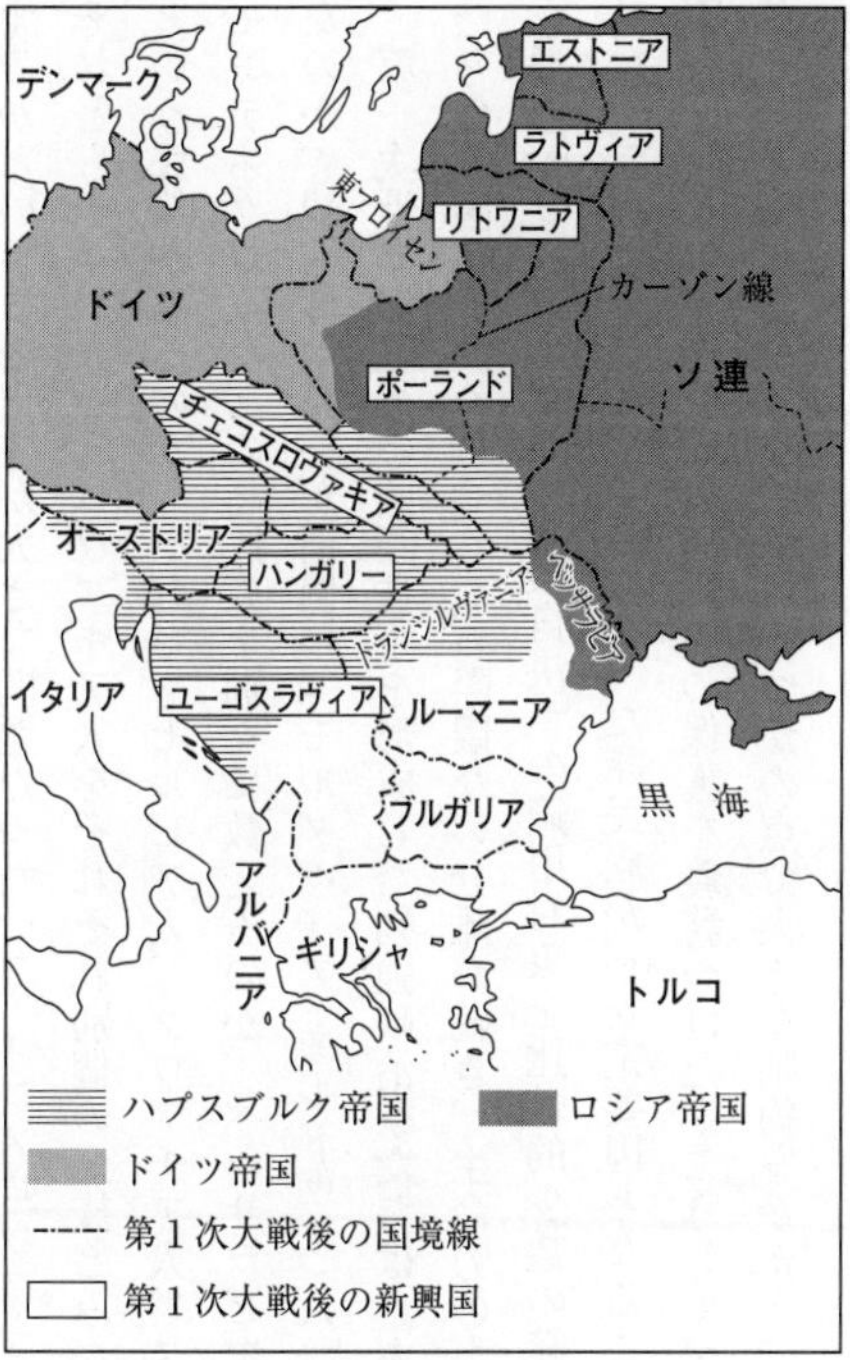

図2　中東欧の新国家

徹底した「一民族一国家」の不可能性——どの国家も多民族国家たらざるをえない——ということは、よく指摘されるとおりである。そのことを一般論として確認するだけでなく、どのような意味で、どういうズレが生じたのかを具体的に知る上で、この時期の中東欧諸国は重要な事例を提供している。

そもそも「自決」の主体たるべき「民族」という単位をどのように設定

するかということ自体が大きな問題だった。「チェコスロヴァキア人」という民族があるのか、それともチェコ人とスロヴァキア人をそれぞれ別個の民族とみなすか、「ユーゴスラヴィア人」という民族があるのか、それともセルビア人、クロアチア人、スロヴェニア人、マケドニア人、モンテネグロ人などの諸民族を別々に数えるのか、ベッサラビアの住民はルーマニア人の一部なのか、親近性は高いが別個の「モルダヴィア(モルドヴァ)人」なのか、等々である。

第一次世界大戦後の国際秩序を形成した列強政治家たちは、あらゆる民族にそれぞれ「自分たちの」国家をつくらせるなら際限ない分離が続き、生命力のない小国家が群生して国際秩序を揺るがせると恐れ、「民族自決」の適用対象を比較的少数の範囲にとどめようとした。と同時に、「自決」を認められなかった諸民族が不安定要因となることを防止するため、新興の諸国家に対して、内部の少数民族の保護を義務づけた。こうして民族的マイノリティ保護という考えが登場したが、それはいくつかの点で大きな制約をかかえていたことを確認しておかねばならない。

そもそもマイノリティ保護を義務づけられたのは、中東欧の新興諸国のみにとどまり、西欧諸国については、植民地の民族自決も「本国」内のマイノリティ保護も問題にされなかった。西欧では既に国民形成が完了しているのに対し、中東欧ではそれが未完であるという観念がそれを正当化した。実際には、西欧諸国も内部が完全に一体・均質というわけではないが、この時期にはその問題は不問に付された。また、マイノリティ保護は少数民族に自決権を認めないことの見返りだった以上、さらなる民族自決の拡大ではなく、現につくられた国家への統合が目標とされた。さらに、保護対象として認定される「マイノリティ」の単位設定も難問だった。「チェコスロヴァキア人」という一つの民族が存在しているという前提のもとでは「スロヴァキア人」というマイノリティの存在は認められないし、「ユーゴスラヴィア人」が自決の主体であるなら、「クロアチア人」「スロヴェニア人」はマイノリティではないということになる、等である。

「マイノリティ」として認定された集団の実態も一様ではない。今日の語感として、「マイノリティ」といえば「弱者」を連想するのが通例だが、実はそれがすべてではない。特に、東欧各地に多数居住していたドイツ人は、新たに形成されつつある「国民国家」(特にポーランド、チェコスロヴァキア)の存立を脅かす潜在的「強者」とみなされ、それゆえにこそ、大きな問題となった。ドイツからの領土回復要求もあり、それはやがて第二次世界大戦の引き金ともなった。

ドイツ人ほどではないにしても、ハンガリー人もかつてハプスブルク帝国で相対的に支配的な位置にあり、敗戦によって領土を縮小させられたことから、チェコスロヴァキア、ルーマニア、ユーゴスラヴィアにはかなりの規模のハンガリー人が残され、彼らがこれら諸国の不安定要因となることが恐れられた。ウクライナおよびベラルーシの西部を支配下においたポーランド、ベッサラビアを支配下においたルーマニアは、それらの地域がソ連との関係で不安定要因となった。また、東欧各地に散在するユダヤ人の場合、政治的には迫害されがちであり、その意味では「弱者」という規定が当てはまるが、経済面や教育面では現地の他の住民よりも優位に立つことが少なくなく、後者の側から「強者」「搾取者」とみなされがちだった(そのことが草の根での反ユダヤ主義の基盤となる)。また、ロマ人(ジプシー)は当時においては保護対象としての少数民族とはみなされなかった。

ポーランド——多様な民族問題

ポーランドの場合、先に述べたように大きな領土を獲得した結果、戦間期には、全人口の約三分の一にものぼる少数民族をかかえることとなった(ウクライナ人、ユダヤ人、ベラルーシ人、ドイツ人、リトワニア人など)。敗戦国たるドイツ、オーストリアからの大きな領土獲得が国際的に認められただけでなく、一九二〇年のソヴェト・ロシアとの戦争の後、住民分布を基礎としたカーゾン線よりも東寄りの地点で和平が結ばれ、ウクライナ人地域・ベラルーシ人地域の一部を獲得したためである。カーゾン線以東においては、伝統的にポーランド人が地主あるいは都市住民、ウクライナ人・ベラルーシ人が農民という関係があり、戦間期にはハプスブルク期よりも強い同化(ポーランド化)政策がとられた。しかし、そうしたポーランド政府による強引な同化政策は逆効果となり、ウクライナ人・ベラルーシ人の対抗的ナショナリズムを刺激する結果となった。西ウクライナ共産党・西ベラルーシ共産党がそれぞれ組織化を進めたばかりでなく、反ソの立場のウクライナ民族主義者もポーランド民族主義に対抗する運動を進めた。これは第二次世界大戦中から戦後初期にかけてのポーランド・ウクライナ関係を複雑化させる要因となった。

ポーランドの対リトワニア関係も複雑な問題をかかえていた。もともとポーランドとリトワニアはかつて連合王国をつくっていた歴史があり、国家回復期のポーランドにも最盛時の大領土復活の志向があったが、それはリトワニア人の側から見ればポーランドによる併呑の志向とみなされた。特にデリケートだったヴィリニュス(現在の独立リトワニア共和国の首都)の場合、住民構成としてはポーランド人、ユダヤ人、ロシア人、ベラルーシ人、リトワニア人などが入り混じっており、新興国家ポーランドとリトワニアはどちらもこれを自国の領土と主張した。ポーランドが軍事力によって自国領に編入したのに対し、リトワニアはこれを認めず、戦間期を通じて対立が続いた(一九三九年にいったんソ連領となり、次いでソ連からリトワニアに割譲された)。

ドイツはロシアと並んで戦前はポーランドに対する支配者だったため、新たなポーランド国家の中にかかえ込まれたドイツ人に対する政策は微妙なものとなった。ドイツ人を文化的にポーランド化するのは不可能とみなされ、同化よりもむしろ異化を基本とし、その異化されたドイツ人を社会的に不利な位置におくことでポーランド人の優位を確立し、またドイツ人の流出を促進する政策がとられた。そのことはドイツ人の対抗的ナショナリズムを強め、やがては第二次世界大戦へとつながっていくことになる。

ドイツ人が同化不能とみなされたのに対し、ユダヤ人は同化させるべきでないとみなされた。ユダヤ人の多くは貧困な小商人に過ぎなかったが、都市への集中が目立つために、あたかもポーランドの都市はユダヤ人に支配されているかのように受けとめる風潮がポーランド人のあいだに広まり、専門職や商業からのユダヤ人排除、そして長期的には移民(流出)の奨励などといった政策がとられた。

チェコスロヴァキア――「国民国家」創設とその矛盾

チェコスロヴァキアの場合、チェコ人とスロヴァキア人はもともときわめて近い関係にあるが、ハプスブルク帝国内でチェコ人地域(ボヘミアとモラヴィア)はオーストリア支配、スロヴァキアはハンガリー支配だったため、歴史が異なった。チェコの方が経済発展が早く、知識人やエリートを多数輩出したので、新国家形成はチェコ人主導となった。そして、チェコ人とスロヴァキア人という別々の民族が存在するのではなく、単一の「チェコスロヴァキア人」が存在するとの想定のもとに、単一の「国民国家」がつくられた(言語についても、単一の「チェコスロヴァキア語」があり、スロヴァキア語はその方言だ、とされた)。

こうした状態に対し、スロヴァキアの側には不満が残り、そのことが後に種々の問題を生んだ。スロヴァキア人の右派ナショナリストは、チェコ内ドイツ人の民族運動を「敵(チェコ人)の敵」としての味方とみなしたが、このことは反ユダヤ主義の共有ともあいまって、ナチズムの受容につながった。後に、ナチ・ドイツがチェコスロヴァキアを併合したとき、スロヴァキアにはナチの庇護を受けたカイライ国家がつくられ、これが「スロヴァキア人最初の国民国家」とされた。後の話だが、一九六八年の改革運動の軍事的圧殺時にも、チェコ人主導の改革に対するスロヴァキア人の微妙な違和感が巧妙に利用されることになる(一九六八年に準備された諸改革のうち、唯一その後に実施されたのは、それまで単一国家だったチェコスロヴァキアの連邦国家化だった)。

ともかく、スロヴァキア人は「チェコスロヴァキア人」の一部であって「マイノリティ」ではないとされたが、そういう前提のもとで最大のマイノリティとしての位置を占めたのはドイツ人である。ドイツ人は戦間期のチェコスロヴァキア人口の二割強を占め、内政上、無視できない存在だった。戦間期のチェコスロヴァキア政治が相対的に安定していたのは、チェコ人諸政党とドイツ人諸政党のあいだに提携関係が維持されたおかげだが、世界経済恐慌下の政治経済的不安定化の中で、ドイツ人のあいだで右派ナショナリズムが台頭し、国内危機を深める重要な要因となった。ズデーテン・ドイツ人の民族主義的要求がナチ・ドイツによる領土併合要求の口実とされたのは周知のとおりである。

それ以外のマイノリティとして、ウクライナ人(ルテニア人)、ハンガリー人の存在も、それぞれ隣国との関係を複雑化させる要因となった。ユダヤ人もこれらに次ぐ比率を占めていた。

ユーゴスラヴィア——「国民国家」か多民族国家かの選択

第一次世界大戦後にユーゴスラヴィアとなる地域は、長らくオスマン帝国とハプスブルク帝国の勢力争いの場となっていたが、一九世紀にはいずれの帝国においても諸民族の自立と国家形成を目指す動きがあった。それらのうち、セルビア人(東方正教圏に属し、相対的に早い時期にオスマン帝国から独立した)とクロアチア人(カトリックで、ハプスブルク帝国下にあった)が特に有力で、両者のあいだにヘゲモニー争いと構想の食い違いがあったが、ともかくも南スラヴとしての共通性があり(「ユーゴスラヴィア」とは「南スラヴ」の意)、そうした共通性をもとに、統一した独立国家が形成されることになった。

独立時の国名は「セルビア人・クロアチア人・スロヴェニア人王国」だったが、この国名にみられる「セルビア人・クロアチア人・スロヴェニア人」という表現は、それらが別々の民族だという認識を意味してはおらず、むしろそれらの総体が「ユーゴスラヴィア民族」だとみなされ、そのような「一つの民族」による「国民国家」という建前がとられた。公用語も「セルビア・クロアチア・スロヴェニア語」という単一の言語だとされた。

このような発想(「ユーゴスラヴィア主義」)は、一九二九年のアレクサンダル国王によるクーデタ(憲法停止、議会解散、政党活動禁止、国王への権力集中)で一層強められた。国名は「ユーゴスラヴィア」と改められ、地方行政単位の名称も、特定の個別民族名を想起させる名称が排除された。これは「ユーゴスラヴィア」という単一の民族が存在するという立場をより徹底しようとするものであり、主観的には「国民」の中の分断を超えた統一を目指すという考えだが、非セルビア人たちの眼には、形を変えた「大セルビア主義」と映った。特にクロアチアでは、これに反撥するクロアチア民族主義が強まり、その中から「ウスタシャ」という民族運動組織が創立された。

ユーゴスラヴィア共産党は、当初、ユーゴスラヴィアは単一民族だという立場をとっていたが、一九二〇年代半ばには、むしろセルビアの支配に対する諸民族の自決権を強調する立場に移行した。これはユーゴスラヴィア国家解体論を含意したが、三〇年代半ばにはソ連および国際共産主義運動の方針転換をうけ、諸民族の自決権は必ずしも分離独立を意味しないとされ、ユーゴスラヴィア国家維持論に転じた。もっとも、追求されるべき将来目標が現行のユーゴスラヴィアという枠にとどまるのか、より広い「バルカン連邦」になるのか、そしてまた「連邦制」の内実をどのように定めるのかなどといった点についてはさまざまな考えがあり、確定していなかった。

第二次世界大戦期には、クロアチアに枢軸系のカイライ政権がつくられ、前述のウスタシャがこれを率いた。この「独立クロアチア国家」の領域は今日のクロアチア共和国よりもはるかに広く、クロアチア人以外のさまざまな民族の居住地域を包括していた。ウスタシャ政権は特にセルビア人を敵視し、大規模なセルビア人殺戮が行なわれた。セルビア人側(特に、セルビア民族主義組織のチェトニク)もクロアチア人に対して報復行為を行ない、相互殺戮がエスカレートした。同じ時期に、コソヴォはファシスト・イタリア保護下のアルバニアに併合されたが、アルバニア人の多くはドイツ・イタリアと協力してセルビア人虐殺に加わった。このような大規模な民族間の相互殺戮は、戦後長らく「忘れられるべき汚点」とされ、語ること自体が抑圧されてきたが、それが数十年後に噴出することになる。

3　実験国家ソ連

ハプスブルク帝国と並ぶ多民族帝国だったロシア帝国には、帝国体制に反抗する種々の社会運動・民族運動が存在していた。「民族自決」論もシオニズムも、そうした背景の中から生まれた。そのロシア帝国が一九一七年の二月革命によって倒れ、同年の一〇月革命から数年間の内戦の過程を経て、ソ連(ソヴェト社会主義共和国連邦)という特異な連邦国家に再統合されたのは一九二二年のことである。

ソ連特有の問題状況

ソ連という国を理解すること——ここでは特に「民族問題」という角度からの理解が問題となる——には、独自の難しさがつきまとう。評価の極端な揺れがあり、距離をおいた冷静な観察がなされにくいからである。ある時期までは、政権イデオロギーによる自己正当化的な説明が諸外国にも大きな影響を及ぼし、必ずしもマルクス主義者・社会主義者でない観察者のあいだでも、「民族自決権の実現」という公式の説明を受け入れる風潮があった。その後、そうした説明への疑念が次第に広まり、今日では、むしろそれを単純に転倒したような理解——いわば「裏返し史観」——が圧倒的に広まっている。だが、正統教義を単純に裏返したようなイメージは、その皮相さにおいて、かつてのソ連政権公式イデオロギーと同水準のものでしかない。

昨今流行の見解によれば、ソ連は民族自決権を掲げながらそれを裏切り、諸民族の存在を否定あるいは破壊し、ロシア人による他の諸民族への差別を温存してきた、また実質上ロシア民族主義に立脚し、非ロシア諸民族に対する同化(ロシア化)政策を推進してきた、などとされる。そのようにみられる面があったということ自体は確かであり、価値評価的な意味でソ連を弁護する必要はさらさらない。しかし、事実認識の問題として、そう捉えるだけで十分なのかは、改めて問い直す必要がある。

端的にいうなら、ソヴェト政権は民族差別を単純に放置したのではなく、アファーマティヴ・アクション(積極的格差是正策)的な要素を伴う民族政策・言語政策を通した差別克服を目指し、そのことがかえって新しい問題を生んだ(マーチン『アファーマティヴ・アクションの帝国』)。その意味で、「普通の帝国」における問題状況とは異なった——いわば「ねじれた」——関係がある。このような複雑な問題状況は、既成の帝国論やポストコロニアル理論の単純な当てはめでは理解しきれない。

ソヴェト・イデオロギーが究極的には全人類の統一を掲げ、国際主義を強調したことは周知のとおりだが、そのことは単純に民族観念の否定を意味したわけではない。一つには、「帝国主義」批判の一環としての「民族自決」論があり、将来の窮極的統一は諸民族の自決という段階を経た後に実現されるものと想定された。もちろん、こうしたユートピア的な理念はまもなく空洞化したが、形骸としてであれ「国際主義」イデオロギーが体制の基本理念であり続けたことには変わりない。ある時期以降のソ連は「ソヴェト愛国主義」を強調するようになり、初期の普遍主義的な性格を失っていったが、抽象的な言葉としては普遍性をもつ理念が事実上特定国の個別利害推進の正当化根拠へと変質するという現象は、フランス革命における「自由・平等・友愛」やアメリカにおける「アメリカ的自由」と共通する。

ともかく、ソ連は民族を否定・破壊しようとしたというよりも、むしろロシア帝国下で民族扱いされていなかった小集団を含めて、自決の主体としての諸民族をつくりだそうとした。そのようにして確定された民族のうち、ある程度以上の規模をもつものについては、擬似的にもせよ「主権国家」としての地位を付与し、「国民国家」の形成を推進した(ソ連邦はそれらの自発的な統合体とされた)。具体的には、諸民族言語の文章語としての創出と教育や行政での利用、民族エリートの育成、アファーマティヴ・アクション的人事政策、民族ごとの歴史研究――「国民史」の創出――などが推進された。

こうして、ソヴェト政権は独自の形で「(複数の)民族」およびそれと対応する「(複数の)国民国家」を形成してきた。一時期「ソヴェト人」という概念が強調されたことがあるが、これは「民族」カテゴリーではなく、その上位概念――エスニシティの差異を超えた「国民」としての一体性――という位置づけだった。また、「諸民族の融合」は多くの場合、スローガンにとどまり、遠い将来の目標に追いやられていた。「形式において民族的、内容において社会主義的」という有名なスローガンは、むしろ「形式ないし建前において社会主義的、内容ないし実質において民族主義的」とみられるような現実を生み出していた。

「民族」カテゴリーの確定作業

「民族」を主要な標識とする政策は——「民族自決」であれ「文化的自治」であれ「アファーマティヴ・アクション」であれ「多文化主義(マルチカルチュラリズム)」であれ——それを公的制度として実施するためには、何らかの「民族」の枠ないし単位の設定が必要とされる。しかし、その枠ないし単位をどのように設定するのかという問題に関しては、唯一絶対の「正しい」設定方法があるわけではなく、さまざまな可能性の中からどれかの線引きが採用されるほかない。この問題はどのような民族政策をとる場合にもつきまとう難問だが、ソ連の場合、「民族自決」を掲げて出発し、「諸民族の平等」を看板としただけに、この問題が特に切実な意味を帯びた。

ソ連における「民族」確定が微妙な問題であることを示す顕著な例としては、中央アジアにおける民族境界の画定、ロシアと区別されるベラルーシの独自民族としての創出、ルーマニアと区別されるモルドヴァの独自民族としての創出等々がある。これら以外にも、各地で「民族」区分の確定とそれに伴う「民族語」形成の試みが推進された(塩川伸明『民族と言語』第一章参照)。どの場合についても、どういう単位設定が「正しい」のかについてはさまざまな観点がありうるから、政権の公的な決定が唯一の「正解」でないのは当然である。と同時に、政権批判者たちが「自分たちこそが正しい」と主張する別の単位設定も、ありうべき観点の一つに過ぎず、絶対性を主張できるわけではない。

ともかく、こうしてソヴェト政権はさまざまな「民族」の形成を熱心に推し進めた。もちろん、ある枠での「民族」形成は、他のありうべき枠の否定でもあるから、「民族の形成」と「民族の否定」は二者択一的関係ではなく、むしろ表裏一体の関係にある。たとえば南コーカサスのミングレル人、ラーズ人、スヴァン人などが独自の「民族」として認定されなくなり、「グルジア人」の一部と見なされるようになることは「グルジア人」の側からすれば、その統一性強化という意味をもった(ミングレル人のあいだには、熱烈なグルジア民族主義者が少なくない)。「ミシャール人」「クリャシェン人」などを独自の民族として認めずに「タタール人」の一部とするのも同様の意味をもつ。その他にも多数の例がある。

ソ連におけるロシア——中心的民族の被害者意識

ソ連における民族問題の顕著な特徴として、中心的な位置を占めるロシア人がその支配的位置にもかかわらずソ連体制に不満をもち、それゆえに独自のナショナリズムをもっていたという点がある。ソ連においてロシア人が中枢的な位置を占めてきたのは紛れもない事実だが、この体制はその「平等」イデオロギーの制約のゆえに、実質的な格差をあからさまに正当化することが困難だという特殊性をもっていた。「ロシア人による支配」はおおっぴらな形をとることができず、むしろ「被抑圧民族」とみなされた非ロシア諸民族への特恵政策が重視された。

先に触れたアファーマティヴ・アクション的政策は基本的に非ロシア諸民族に対してとられてきたが、そのことは結果的に、ロシア人のあいだに「逆差別」意識を広める効果をもった。ソ連におけるロシア人は、一般には「支配民族」とみなされているが、彼ら自身のあいだにはそのような自意識はなく、むしろ被害者意識とルサンチマンが一般的だった。これはアメリカにおけるアファーマティヴ・アクションへのバックラッシュ（巻き返し）にも似た現象である。

文化政策についていうなら、初期のソヴェト政権はロシアの伝統文化の総体に対して強く否定的な態度をとった。このような政策を長く保持することはできず、一九三〇年代半ば以降、そしてより決定的には独ソ戦を契機として、ロシアの伝統文化を再評価したり、ロシア語教育を他の諸民族に対して押し広めていく政策がとられるようになった。しかし、その後も、「国際主義」の看板は下ろされることがなく、ロシア以外の諸民族の文化・伝統の奨励政策も全面的に撤回はされなかった。

ソ連解体後の現代ロシアで、ロシア・ナショナリズムが有力な社会風潮となり、時として露骨に排外的色彩を帯びたりしていることはよく知られている。そのことは、ソヴェト時代においてロシア人が自分たちの独自利害や価値意識を前面に押し出すことを抑制されていたことへのルサンチマンという性格を帯びている(ソ連におけるロシアの特異な位置については、塩川伸明『国家の構築と解体』第三章参照)。

ソ連のユダヤ人問題

ソ連におけるユダヤ人の位置にも独自なものがある。帝政ロシアにおいて諸権利を制限されていたユダヤ人のあいだに反体制の傾向が強く、諸種の社会運動の中でユダヤ人の比重が高かったのは自然だが、革命前の社会主義政党の中で相対的に多数のユダヤ人をかかえていたのはユダヤ人ブンド(在ポーランド・リトワニア・ロシア・ユダヤ人労働者総同盟)およびメンシェヴィキであり、ボリシェヴィキに属したのは比較的少数だった。しかし、一九二〇年代になると、かつてブンドやシオニスト左派に属していたユダヤ人が大量に共産党に流入し、党員中の比率を高めた。ロシア革命がユダヤ人の陰謀だという類の反ユダヤ宣伝は論外だが、二〇年代以後の共産党員およびソヴェト・エリートの中でユダヤ人の比率が相対的に高かったことは歴史的事実である。

もともとレーニンもスターリンも「ユダヤ人は民族ではない」と考えていた――これは言語

的統一や地理的集中を欠くという理由からであり、ロシア帝国よりもむしろヨーロッパ全土におけるユダヤ人を念頭においたもの——が、革命後のソヴェト政権は、ユダヤ人を「民族」として扱った。ここには、政権創始者の言説と現実的政策のあいだの奇妙なズレがみられる。

こうして、「民族」としての認定を受けた一方、帝政期における移動制限が解除された結果、大都市への移住が増大し、教育水準の高さとも相まって、言語的・宗教的同化が進んだ。第Ⅱ章第2節で触れたように、ヨーロッパではユダヤ人が周囲の主流派言語に同化したり、キリスト教に改宗する傾向が以前から進んでいたのに対し、ロシア帝国では二〇世紀初頭に至るまでユダヤ人の大半がユダヤ教とイディッシュ語を維持していた。ところが、ソヴェト期には、都市部でロシア人と混住し、高い教育を受けて社会的に活躍する人が増える中で、「ユダヤ人」としての民族的指標——ユダヤ教とイディッシュ語の維持——は急激に掘り崩された。にもかかわらず、公的制度としての民族登録制度(国内旅券における民族籍記載、また人口調査における民族欄)においては、「ユダヤ人」とみなされ続け、それが固定化するという逆説的状況が生じた。

第二次世界大戦以前のソ連では、諸分野のエリート中でのユダヤ人の比率は概して高く、彼らはソヴェト化の相対的な受益者としての位置を占めた。しかし、そのことはかえって、非ユダヤ人大衆のあいだの「ユダヤ人=ボリシェヴィキ」同一視、およびそれに由来する反感と差別意識を増幅するという結果を招いた。

大戦期のソ連の領土拡張（バルト三国、ポーランド統治下にあった西ウクライナと西ベラルーシ、ルーマニア統治下にあったベッサラビア）はユダヤ人が多数住む地域を含んでおり、これによりソ連のユダヤ人口は大幅に増大した。独ソ戦の渦中においては、ナチ・ドイツが露骨な反ユダヤ主義を公然と掲げている以上、ユダヤ人としてはこれとの対抗上、相対的にソヴェト政権を支持する以外に選択の余地がなかった。そのことは彼らがソヴェト政権の対外宣伝の道具として利用される（「反ファシズム・ユダヤ人委員会」の活動など）一方、非ユダヤ人大衆のあいだの反感をさらに強める結果を招いた。ドイツ占領地域でのユダヤ人大虐殺には、現地の非ユダヤ人大衆が率先して参加した例が少なくない。こうした諸民族の微妙な関係は、戦後になって「思い出してはならない」経験として封印された。

独ソ戦の渦中にユダヤ人が相対的に親ソ的に振る舞わざるをえなかったことは、戦後における政策の逆転を招いた。政権はユダヤ人の運動が自立化することを恐れ、また民衆のあいだに根強く残る反ユダヤ意識が戦時の経験でいっそう強まったことの圧力も受けて、諸分野のエリート中でのユダヤ人の突出を押さえる政策をとりだした。また、戦後の愛国主義宣伝の中で、「祖国をもたない根無し草のコスモポリタン」というレッテルのもとでの事実上の反ユダヤ政策がとられた。イスラエルについては建国当初の段階では反英の観点から支持したが、まもなく対立するようになり、シオニズム批判が強力に打ち出された。こうして、戦後初期には、ソ連史の中でも異例に強度の反ユダヤ政策がとられた。但し、晩年のスターリンがユダヤ人を丸ごと強制追放しようとしていたという、広く広まっている噂は、近年の研究で実証的根拠を欠くことが明らかとなっている(長尾広視「ソ連のユダヤ人——スターリンの『最終的解決』に関する考察」『ロシア史研究』第六九号、二〇〇一年)。

スターリン死後、このようなあからさまな反ユダヤ主義は抑制された。しかし、民衆のあいだの反ユダヤ意識は根強く残り、一部の政治家もそれを利用し続けた。

4 植民地の独立——第二次世界大戦後(1)

第2節で見たように、第一次世界大戦後に「民族自決権」に基づく「国民国家」を留保つきながらも付与されたのは中東欧の一部の民族だけであり、世界の他の多くの地域では植民地支配ないしそれに類似する状況が続いた。しかし、第二次世界大戦後には、ナチ「第三帝国」と大日本帝国がともに敗戦国となっただけでなく、勝者たる大英帝国やフランスの植民地支配も著しく脆弱化した。こうした背景の中で、一九六〇年代には旧植民地地域のほとんどが政治的独立を獲得した。

新独立国家の領域設定

独立国発足のためには、その領土・国境の確定が必要だが、多くの場合、植民地時代の行政的区分の境界線を独立国家間の国境にそのまま転じるという方法がとられた。既存の線をそのまま利用するというのは一種の便宜的措置だが、「より適切」「より正当」な線引きを問題にしだすなら、果てしない紛争が起きる可能性がある以上、このような方法は紛争予防としての意味をもっていたとみることもできる。ともかく、旧来と同じ領域単位で独立国家がつくられるということは、植民地時代の諸制度が一定の変化を伴いつつも新国家に引き継がれるということを意味する。植民地時代に「本国」に留学するなどして高等教育を受けた民族エリートの中から、そうした諸制度の担い手が生まれたことも、植民地時代と独立国家の一種の連続性の要因となった。

では、そもそも植民地時代の行政領域はどのようにして設定されていたのだろうか。これはもちろん一様ではなく、さまざまなヴァリエーションがあるが、大まかに考えるなら、植民地化以前に存在していた王国などの領土を引き継いだケースとそうでないケースとに大別することができよう。前者の場合、前近代に萌芽的に進行しつつあったネイション形成と植民地期の独立運動や独立後の国民国家形成は、直線的につながるわけではないにしても、ある程度の部分的連続性を想定することができる。これに対し、後者においては、そのような連続性はほとんど全く存在しないという対比がある。

東南アジアやアフリカ諸国におけるネイション形成の特徴を東欧や旧ソ連諸国と対比して、後者では不完全な形ではあれ「民族自決」が追求された歴史があり、特定民族を中心とする「国民国家」の形がつくられつつあったのに対して、前者ではそうした歴史的前提がなかったという指摘がある(Rogers Brubaker, *Nationalism Reframed*, Cambridge University Press, 1996)。この指摘は、植民地化以前の王国領を引き継がなかったケースによりよく当てはまる。このような条件下で新たな「ネイション」がつくられる場合、それはエスニシティとはほとんど全く対応しない。それどころか、エスニックなまとまりはネイションを分解させるものとして、警戒の対象となる(「部族主義」といったレッテルを貼られる)。

インドネシアというネイションの形成

新たに生まれたネイションが多数のエスニシティからなる典型例として、インドネシアを挙げることができる。この国には言語・社会構造・生活様式を異にする数百のエスニシティがあり、二〇世紀初頭の頃までは「インドネシア」という概念も「国民」意識もなかった。その時期に、今日のインドネシアの全域が「オランダ領東インド」として統一的に支配されるようになり、近代的統治機構の樹立と公教育の普及が始まった。こうした政策を進めたのはもちろん植民地行政当局だが、そのもとにおかれた住民のあいだにも、この領土を「インドネシア」という一体的な領域としてとらえ、その地に独立国家を樹立しようとする意識と運動が広がり始めた。とはいえ、その主体たるべき「インドネシア国民」とは、独立運動家の観念の中に想定されたものにすぎず、現実には無数の断層に引き裂かれていた。

オランダ領東インドの域内には二〇〇を超える言語が存在しており、その共通語として、オランダの植民地行政――およびその後は日本の軍政――に使われた「マレー語」が、独立後に「インドネシア語」すなわち「単一ネイションとしてのインドネシア人の言語」とされ、「国民」創出の重要なテコとされた。大多数のインドネシア人にとって、母語はそれぞれの地方語であり、インドネシア語は学校や公的場面で使われる、ある意味でよそよそしい第二言語だが、それでもインドネシア語は「国民」統一の象徴とされた。宗教的にはムスリムが多数を占めるが、それ以外のさまざまな諸宗派が存在するだけでなく、イスラーム自体が地域・社会集団によってかなり異なった性格のものとして受容されているという意味での多様性がある。

このように、前近代から引き続く文化的伝統という意味での統一性をもたない多様なエスニシティが、にもかかわらず「一つの国民」とされたのは、植民地行政によって一つの単位がつくりだされたという事実によるところが最も大きい。『想像の共同体』段階のベネディクト・

アンダーソンがもっぱらネイションを論じ、エスニシティに触れなかったのは、彼の最初のフィールドがインドネシアだったことと関係している(彼がインドネシアと並んで重視しているラテンアメリカも、ネイションがエスニックな基盤をもたないもう一つの例だということについては、第Ⅱ章第3節で触れた)。

多言語国家としてのインド

インド亜大陸は、強大な帝国によって広域的支配が実現された時期と多数の王朝が分立した時期とを交互に経験してきたが、イギリスの統治下で近代的行政秩序が導入され、植民地国家としての体裁をとるに至った。内部に多くの藩王国(イギリスの保護国)を含みつつも、ある種の統一体として統治されたこの地域が――パキスタンとの分離という要因によって複雑化されているが――独立後のインドに引き継がれた。その国内には多数の言語集団があり、その意味で、「国民」のあいだでの非均質性は非常に大きい。言語の数をどのように数えるかということ自体が一義的でないが、一九六一年センサスに際して当事者が挙げた「言語」の数は一六五二あり、報告書はそれを一九三に集約した。一九九一年センサスによると、話者一万人以上の言語だけでも九六、話者一〇〇万以上の言語も二二あった。一九五〇年憲法は、「連邦の公用語」はヒンディー語、但し憲法施行から一五年間は英語の使用を認めると定め、同時に「州公用語」も認めるとし、付則で一四言語を挙げた(その後増えつつあり、二一世紀初頭時点では一八)。また、当初時限付きだった英語の公的使用は事実上無期限に延長となった(鈴木義里『あふれる言語、あふれる文字』)。

インドのもう一つの特徴は、連邦制とエスニシティ・言語区分がある種の対応関係にあるという点にある。もっとも、当初の連邦制はイギリス統治時代の州を引き継いだもので、言語分布と対応していなかったが、一九五六年の州再編法以降、言語州への再編が進められた。なお、インドでは「民族」という概念よりも「言語」が州形成の基本となっている。インドには多数の宗教があり(パキスタンがムスリム国家であるのに対し、インドは特定宗教に肩入れしない建前をとっており、多数派のヒンドゥー教徒の他に、シーク教徒、ムスリム、キリスト教徒、仏教徒などがいる)、またいわゆるカースト制度もあるが、宗教・カースト・言語といったさまざまな分岐線が相互に重なり合わないため、「民族」という概念を当てはめることが難しい。こうした事情から、州をつくる基準は「言語」ということになったものである。

いずれにせよ、このように民族・エスニシティと関わる原理で連邦制を構成するという型は、かつてのソ連やユーゴスラヴィアと似たところがある。

中東地域――概観およびトルコ

中東地域は宗教および言語という観点からは、東南アジア・南アジアとかなり状況が異なっているように見える。後で取り上げるイスラエルをひとまず別にするなら、宗教としては、スンニー派とシーア派に分かれるにせよ、イスラームが支配的であり、言語的にはアラビア語・トルコ語・ペルシャ(イラン)語の三大言語が優勢であるという意味で、その多様性の幅は東南アジア・南アジアほど極端に大きくはない。もっとも、細かく見れば、キリスト教諸派その他の少数宗教も存在するし、クルド語(ペルシャ語系だが、それ自体がいくつもの方言に分かれる)をはじめさまざまな少数言語も存在しており、単純に均質的とはいえない。また、集団的アイデンティティを規定する要素は宗教と言語だけに尽きるものではなく、それぞれの地域ごとに複雑な歴史の経過の中で、さまざまな統治の単位と重層的な「われわれ」意識が形成されてきた。

オスマン帝国崩壊後に新たな国家として生まれたトルコ共和国は、「帝国」から「国民国家」への移行を、領土の急激な縮小という条件下で進めねばならなかった。かつての帝国は領域内に多様な集団が居住していることを当然の前提としており、オスマン帝国の場合にはミッレト制によってある種の多文化統合を成し遂げてきたことは前述したが、世俗主義と共和主義を標榜するトルコ共和国はむしろ「国民」の均質性を強調した。そこでは、民族・宗教に関わりない「市民」としての統合という建前が重視された。それでいながら、その市民的統合が実はトルコ人への同化を求めるものであり、クルド人などの民族的存在を否認するものだったことはよく指摘されるとおりである。市民的ナショナリズムの建前が、実はその裏に中心文化への同化政策を伴うという構造は、フランスの場合と似たところがある。

アラブ諸国――広域的ナショナリズムと個別国家のナショナリズム

アラブ地域には二〇以上の国家がある。宗教(イスラーム)と言語(アラビア語)という指標では共通性をもつことから、これら諸国の人々は「一つの民族」(カウミーヤと呼ばれる)であり、「一つの国家」に統一されて然るべきだという運動が起きることがある(一九五〇～六〇年代に強かったアラブ・ナショナリズム)。この場合、アラブ全体が一つのネイションとみなされているわけだが、他方では、個々の「国家」ごとに形成されたネイション意識もあり(ワタニーヤと呼ばれる)、いわばネイション意識が二重化している。アラブ・ナショナリズムの立場からは、個別諸国家は「人工的な分断」だとされ、統一運動が叫ばれたが、この運動は諸国家の現実的な統一を生み出すほどの力にはならなかった。

だからといって、「アラブの団結」――さらには、もっと広く「全ムスリムの団結」――という観念が完全に空疎であるとは限らず、特にイスラエルおよびそれを支援するアメリカとの対抗といった局面では、人々を鼓舞する力を発揮することがある。人間のアイデンティティ(帰属意識)は単一であるわけではなく、むしろ重層的である——小さな対面集団への帰属、特定の個別国家のもとでの「国民」、エスニックな紐帯を主とする「民族」、宗教による超民族的な結合など——が、そのうちのどれが特に前面に出るかは、その時々の局面によって異なりうる。

アラブ諸国の例を、ラテンアメリカ諸国、旧ソ連中央アジア諸国と比べるのも興味深い。これらはいずれも、言語および宗教的伝統の近い人々の住む地理的空間が複数の国家に分かれているという点で共通する。但し、ここでいう「共通の言語」は、ラテンアメリカでは植民者の言語(スペイン語あるいはポルトガル語)であるのに対し、アラブ諸国と中央アジア諸国では現地住民の言葉を基礎にして近代言語が生み出されたという差異がある。その際、中央アジア(ペルシャ語系のタジクを除く)では、チュルク系という共通性をもちつつも、「カザフ語」「ウズベク語」「キルギス語」「トルクメン語」という風に分化した「民族言語」が形成され、それに応じて、それぞれに「独自の民族」という意識が生み出された。これに対し、アラブでは「アラビア語」が一つのものとして意識されているという違いがある。

ラテンアメリカで「ナショナリズム」といえばもっぱら個別国家ごとのものであり、ラテンアメリカ全体で統一国家をつくろうとする運動は存在しない(ラテンアメリカ・レヴェルでの地域統合の動きはあるが、それはあくまでも個別国家の並存を前提したものである）。これに対し、アラブではどこまで強力かはさておき「アラブ・ナショナリズム」というものが存在し、一時期は有力となるかに見えた。そして中央アジアでは、「ナショナリズム」といえば個々の民族ごとの現象（ウズベク・ナショナリズム、カザフ・ナショナリズムなど）であって、中央アジア全体を統合しようとするトルケスタン統一運動は、完全に不在ではないまでも、ごく弱い。こう対比するなら、三者はある種の共通性をもちながらも、ネイション観念のあり方において相違しており、中央アジアはアラブとラテンアメリカの中間に位置づけられるかもしれない。

イスラエル国家の特異性

中東の状況を複雑化させているのは、イスラエルという特異な国家の存在である。ユダヤ人がそれぞれの居住国で対等の市民となる可能性に絶望し、独自の国家を建設するしかないとする考え（シオニズム）は、一九世紀末以降、ロシアやヨーロッパ諸国のユダヤ人たちのあいだで広まった。それが国際政治の中で有力になったのは、第一次世界大戦中のイギリスのバルフォア宣言を契機としており、一九三〇年代から第二次世界大戦にかけてのナチ・ドイツによる大規模なユダヤ人虐殺によって拍車をかけられた（但し、世界各地から迫害を逃れたユダヤ人の行き先は必ずしもパレスチナに集中していたわけではなく、多くの部分はアメリカに向かった)。ユダヤ人のパレスチナへの移民は一九四八年のイスラエル建国へと至ったが、この過程がパレスチナ・アラブとの長きにわたる紛争の起源でもあったことは、周知のとおりである。

ユダヤ人とは元来ユダヤ教徒のことであり、世界各地のユダヤ人(ユダヤ教徒)はそれぞれ言語・文化を異にする非均質的な集団を広く包括する。といっても、完全にばらばらということではなく、一八世紀末から二〇世紀前半にかけての時期においては、ロシア帝国(およびそれを引き継いだソ連)の西部地域から中東欧にかけての地域に最大規模のユダヤ人(アシュケナジム)が集中していた。彼らの多くはイディッシュ語——あるいは、ロシア人への同化が進んでいる場合にはロシア語——を母語とし、ロシア・東欧圏にルーツをもつという共通性があった。初期にパレスチナにやってきたのはそうしたアシュケナジムが多かったが、その後、西欧諸国にかなり同化していたユダヤ人の一部もナチによる迫害から逃れるために流入するようになった。またイスラエル建国後は、セファルディム(イベリア半島に起源をもち、元来スペイン語ないしラディーノ語を母語とし、北アフリカ、オスマン帝国領などに移住していた)や、ミズラヒム(中東諸国にいたオリエント・ユダヤ人で、多くはアラビア語を母語としていた)が増大した。

こういうわけで、イスラエルのユダヤ人は、元来のエスニシティからいえば決して一体ではなく、むしろ多様な構成からなる。宗教および世界各地における迫害の経験の記憶という点では共通性をもつにしても、言語的・文化的には非均質的である人々を統合する核として、ヘブライ語の普及が大きな位置を占めた。古語と化していたヘブライ語を復活させようとする試みは一九世紀末に始まるが、イスラエル国家はこれを正式に公用語とし、公教育を通して普及させることで「国民」をつくりだしたのである。

5 「自立型」社会主義の模索——第二次世界大戦後(2)

「内発的」な社会主義国家のナショナリズム

ユーゴスラヴィア、中国、ヴェトナム、北朝鮮、キューバなどの諸国は、第二次世界大戦後に社会主義とナショナリズムの結合を基礎に成立したという点で共通する。これらの国では、「ソ連型」とは大なり小なり区別される独自の「社会主義」建設の試みがなされた。その成否は別として——各種の矛盾をかかえていたことは明らかである——ともかくも外国(ソ連)からの押しつけや単純な模倣ではなく、「内発的」な社会主義建設が目指されたため、その根づき方が深かった点に、あからさまに「外発的な」社会主義だった東欧諸国との違いがある。

そうした事情から、旧ソ連・東欧圏の社会主義崩壊後におけるこれらの国の軌跡は、旧ソ連・東欧諸国とは異なっている。ユーゴスラヴィアはソ連・東欧諸国とほぼ時を同じくして体制転換を遂げたが、その過程はより複雑であり、体制転換後に、諸民族のナショナリズムの衝突から悲惨な内戦を経験した。他方、中国およびヴェトナムの場合、経済政策上はかなりの程度資本主義に近づきつつも、看板としての「社会主義」をおろしていないという二面性がある。両国における共産党政権の一つの支えは、かつて「民族解放」の中心的担い手だったという歴史の記憶だが、これがいつまで有効性を維持するかが試されようとしているかに見える。北朝鮮およびキューバについて今後を占うことはできず、ここでは論じないが、何らかの意味での変化が迫られていることだけは確かだろう。

ユーゴスラヴィア——分散化への力学

ユーゴスラヴィアの第二次世界大戦までの経緯については第2節で前述した。そこでも見たように、クロアチア民族主義組織のウスタシャとセルビア民族主義組織のチェトニクはそれぞれ個別民族の運動であり、相互の憎悪を煽ったが、チトーの率いる共産パルチザンは諸民族が混じりあっており、民族の相違を超えた統一的反ファシズム闘争を遂行した。このことは共産パルチザンの権威を高め、パルチザン戦争の中で南スラヴ諸民族の対立感情が克服されて一体性が生まれたという考えを広めた。その「一体性」の強固さについては、今日では疑問にさらされているが、ともかく戦後のチトー時代には、民族間の不和は基本的に解消されたという見方がとられていた。ユーゴスラヴィアの統一と団結のため、民族間の不和を招きかねない戦時中の相互殺戮については公然と議論することが回避された。しかし、そのことは、多くのセルビア人の眼からみれば、クロアチア人によるセルビア人殺戮の事実がチトーによって隠されているという風にみえた(チトーは元来クロアチア出身)。これは後の民族紛争激化の一つの背景をなす。

戦後初期のユーゴスラヴィアでは諸民族の統一が強調されていたが、一九六〇年代半ばから、次第に民族ごとの独自性が重視されるようになり、国家制度としても分権化の勢いが強まった。そのことは、伝統的に政治的中心だったセルビア人から見れば、自分たちのヘゲモニーの公然たる主張が抑えられているという不満となり、ユーゴスラヴィア連邦解体後のセルビア・ナショナリズム噴出の背景となる。

一九七〇年代には連邦制が一段と分権化の度を強め、国家連合(コンフェデレーション)に近い連邦制という性格を帯びるようになった。国家制度ばかりか、党(共産主義者同盟)組織においても「連合党」的な色彩が強まった。こういうわけで、ユーゴスラヴィアの多民族的連邦制の内実はソ連型とは大きく異なっていた。その解体は、集権的統合への反撥ではなく、もともと分権化が進んでいたことがさらなる分散化への勢いを生み出すという形で進んだ。

ユーゴスラヴィア諸民族のあいだのエスニックな差異は元来それほど大きいわけではなく、「友好と団結」は完全な空語というわけではなかった。ハプスブルク帝国に支配された地域とオスマン帝国支配の長かった地域のあいだに一定の文化的差異があったとはいえ、絶対的な障壁とまではいえない。ともに南スラヴ系であるセルビア人とクロアチア人の違いは、主として前者が正教徒、後者がカトリックという宗教的指標に求められたが、戦後の社会主義ユーゴスラヴィアでは宗教の社会的地位が低下し、世俗化が進んだため、この区別も形式的な色彩が強まった。それでいながら、現に「民族」としての区分がなされ、それぞれが「自分たちの共和国」をもつという制度は、諸種の資源分配における単位としての「民族」の意味を強めた。

言語・文化などにおいてあまり大きな違いのない諸集団を、先祖がカトリックなら「クロアチア人」、先祖が正教徒なら「セルビア人」と分類する場合、先祖がムスリムである者はどう分類すべきかという問題が生じる。ここから、民族カテゴリーとしてのムスリム人という異例な単位が設定されるようになった。「ムスリム人」を民族カテゴリーとするか否かは長らく論争的だったが、一九六一年以降の公式統計では「エスニックな意味でのムスリム人」というカテゴリーがつくられた。世俗化の進行により現実の信仰は形骸化していたが、それでも「ムスリム人」と呼ばれる人々が「一つの民族」とされたのである(一九九〇年代に「ボスニア人」と改称)。セルビア人、クロアチア人、スロヴェニア人、マケドニア人、モンテネグロ人がそれぞれ「自分たちの国民国家」としての共和国をもつ体裁がとられたのに対し、諸民族混住のはなはだしいボスニア＝ヘルツェゴヴィナ(主要な住民はムスリム人、クロアチア人、セルビア人)は特定民族と対応させることができず、そのことは、後の連邦解体時にこの共和国で最も激しい内戦が生じる背景となった。

コソヴォ自治州では、人口の多数派をアルバニア人が占め、セルビア人が少数派である。一九六〇年代半ばにユーゴスラヴィア全体で分権化の勢いが強まる中で、コソヴォでもアルバニア人の民族運動が高まり、次第に自治権が拡大された。「自治州」から「共和国」への昇格だけは認められなかったものの、それ以外の面での自治州の権限は大幅に拡大された。一九七四年のユーゴスラヴィア憲法は、多くの点で自治州を共和国とほぼ同等に扱った。この後のコソヴォでは、アルバニア語による教育の拡大、アルバニアからの教材輸入、教員招聘などにより、アルバニアの文化的影響力が強まっていったが、そのことは、同地在住のセルビア人の不安を招くことになった。また、経済的には最後進地域だったため、連邦予算から相当量の経済援助がつぎ込まれたが、経済水準は上がらず、セルビア人の眼からは、「折角金をつぎ込んでも無駄遣いされ、アルバニア文化振興にばかり使われている」という不満が募ることになった。コソヴォのセルビア人のあいだには、アルバニア人優遇政策の結果として自分たちの方が差別されているという意識が生まれた(いわば「逆差別」論)。こうして州内の民族対立が激化していったことは、八〇年代末以降の紛争深刻化の背景となる。

多民族国家としての中国

中国共産党の民族政策は、ソ連由来の民族自決論と国民統合論のあいだの緊張およびそれに伴う政策の大きな揺れによって特徴づけられる。外モンゴルについてはソ連の立場を配慮して、「独立国家」として承認した。また日中戦争時には「抗日」のための団結が最重要視され、諸民族の自決論は後景に退いた(より明確に自決論を撤回するのは人民共和国成立後)。もっとも、「自決」論がその解釈において大きな幅をもち、実地の適用において種々の矛盾につきまとわれるのは、これまで本書で見てきたように「自決」という考え方そのものに内在することであって、中国共産党に特異なことではない。

ソ連と中国はともに多民族国家であるが、その多民族性の度合いには大きな差がある。公式の統計でいうなら、ソ連ではロシア人の比率が五割強でしかなかったのに対し、中国では漢民族の比率が九割以上であり、少数民族の重さは両国間に大きな差があった。いま「公式の統計でいうなら」という表現をとったのは、ある人が何民族に属するかを確定し、ある民族の人口を数えるという作業自体が、ある種の解釈と選択を前提するものであって、一義的に「正しい」数字というものがあるわけではないという事情を考慮したものである。中国の漢民族は、口語のレヴェルでは相互にまったく理解できないほど大きな差をもつ言葉を使っていても、漢字という表意文字のおかげで、文章語のレヴェルでは「同じ言語」を使う「同じ民族」とみなされている。これは見方によっては、多数の異なるエスニシティが漢字文化によって同化された結果だとも捉えられる。

いずれにせよ、ソ連と中国とでは多数派の比重がこのように異なることから、中国ではソ連型の連邦制がとられることはなかった。その代わりにとられたのは、特定地域についての区域自治——自治区・自治州・自治県・民族郷の設置——である。国全体としては連邦制をとらず、一部の民族地域についてのみ限定的な民族自治を取り入れるという国家制度は、ソ連の場合でいえば、ソ連の中の一共和国だった「ロシア・ソヴェト連邦社会主義共和国」(今日のロシア連邦の前身)の型——ロシア人地域については連邦原理をとらず、民族地域についてのみ自治共和国・自治州・自治管区をおくという非対称的な連邦制——と似ている。

その区域自治の内実は、初期の少数民族優遇から、「大躍進」以後の階級路線への傾斜(「文化大革命」期にピークに達する)、そして「文化大革命」収束後の融和策へ、というように、時期による大きな変遷を経ているが、ともかくも「自治」をうたう以上は、誰が「少数民族」に該当するかを確定する作業が前提として必要とされる。いわゆる「民族識別工作」である。人口センサス時の自己申告では数百のエスニック・グループが挙げられるが、それを一定の基準でまとめ、認定される「民族」の数を確定する作業である(これはソ連の場合と同様)。人民共和国以前には、「中華民族」は漢・満・蒙・回・蔵の「五族」からなるとされていたが、一九五三年の人口センサスでは三八の「少数民族」が数えられた。階級路線が強調された時期には、民族融合論的発想から、認定される民族の数が減少し、六四年センサス時に認定されたのは一六にとどまったが、その後、また民族数が増大して、七九年センサスでは五五の「少数民族」(漢民族とあわせると全部で五六民族)が数えられた(毛里和子『周縁からの中国』、王柯『20世紀中国の国家建設と「民族」』など)。誰が何民族に属するかということも自己申告であるため、少数民族優遇政策がとられると少数民族として登録する人が増えるという現象が見られる。

民族地域が国境地帯沿いに分布していることから、民族問題は国際関係とも連動する。また、民族地域の大半は内陸に位置しているため、沿岸部と内陸部の経済的社会的格差が民族問題とも重なり合うことで、民族問題を複雑化させている。もっとも、どの国の少数民族についてもいえることだが、少数民族だからといって必ず分離独立をめざすわけではないし、多民族国家だからといって民族間衝突が不可避と決まっているわけでもない。しかし、特定の条件下で分離独立運動が高まったり、民族間紛争が高まることはある。中国で特に問題となるのは、チベットと新疆ウイグル自治区である。

チベットでは、清朝崩壊後、中国中央政権の統制が事実上およばない状態が長く続いた。一九五〇年に軍を進めた人民共和国政府が五一年五月にダライ・ラマ政府と協定を結び、中国内での民族区域自治という形でとりあえずの決着をつけた（正式の自治区発足は一九六五年）が、その後も、五九年の動乱に象徴される対立が残り（動乱後、ダライ・ラマはインドに亡命した）、デリケートな状況が続いている。最近では、特に二〇〇八年にクローズアップされたのは記憶に新しい。

ヴェトナム――「インドシナ」という単位との関係

ヴェトナムの場合、中華文明圏の一員であると同時に、「南進」してメコン・デルタにまで到達したことから、東南アジアにおける「小中華」帝国という独自の性格を帯びた。自らを中華文明の担い手として意識する人々は「京人（キン人）」と称し、周辺の人々を「蛮夷」とみなした。一九世紀初頭に阮朝のもとで、今日のヴェトナム国家とほぼ等しい領土が形成され、その限りでは後の「国民国家」につながる単位が準備されたかにも見えるが、その後の「国民」形成の過程は直線的ではなかった。

一九世紀後半にこの地域に進出したフランスは、ヴェトナムを中国の宗主権から切り離す一方、カンボジア、ラオスと共通の支配のもとにおいた。二〇世紀初頭には、トンキン、アンナン、コーチシナ、カンボジア、ラオスの五地域からなるインドシナ連邦が形成された。その後、インドシナ単位での一元的な官僚機構形成、フランス式の教育制度の導入などにより、「ヴェトナム」という単位よりも広い「インドシナ」という単位での地域的統合の基礎がつくられた。しかし、植民地支配のもとで生まれた「インドシナ」という「巡礼圏」に参加した人たちのほとんどは、狭義のヴェトナム人(キン人)だった。つまり、一面では「インドシナ」という単位がある種の有意味性をもちつつある一方、ヴェトナム人、カンボジア人、ラオス人を結ぶ共通意識はなかなか形成されないというギャップがあり、このことが、独立闘争における枠組み設定――独立「インドシナ連邦」か、三つの独立国家の形成か――を複雑化させた。このような選択の問題は、バルカン連邦かユーゴスラヴィアかという選択を思い起こさせるところがある。

一九四一年、第八回インドシナ共産党中央委員会は「ヴェトナム民主共和国」構想を掲げ、ヴェトナム独立同盟(ヴェトミン)の結成を決定した。これはそれまでのインドシナ革命論そのものの撤回ではないが、インドシナ革命の編成原理を「階級的連帯」から「三つの国民の連帯」に転じたものとされる。それまでは、さまざまな民族を「少数民族」として並列する発想がとられていたが、これ以降、ヴェトナム、カンボジア、ラオスの三民族を「多数民族」、それ以外を「少数民族」という風に区別する枠組みがつくられ、「自決権」の主体となるのは前三者のみとされた。ヴェトナム共産党がこのような枠組みを採用したのは、戦争末期の日本の政策とも関係していた。もしこのときに「越南連邦」という形がとられたなら、たとえそれが名目的なものだったにしても、その後の独立もインドシナという枠で進むというシナリオが想定されうるが、日本が実際に行なったのは、これまた名目だけにもせよ、ヴェトナム、カンボジア、ラオスという三つの独立国家形成の試みであり、そのことが、その後の独立国家形成の枠を形づくることになった(古田元夫『ベトナム人共産主義者の民族政策史』)。

一九五一年、インドシナ共産党は三つの民族党に分離することとなり、主要部隊はヴェトナム労働党に改組された。一九五四年のジュネーヴ協定で、北ヴェトナム政府はラオス、カンボジアの両王国政府の正統性を承認し、これによって、ひとまず「ヴェトナム」という枠――但し、当面は北半分のみ――での独立国家形成という方向性が確定した。

しかし、その後のヴェトナム戦争(対米戦争)の過程でも、カンボジア、ラオスとの軍事的提携は不可欠であり、三国の革命運動は密接な関係をもって進行した。ヴェトナム戦争期に北ヴェトナムから南ヴェトナムへの輸送路として使われた「ホーチミン・ルート」(大半はカンボジア、ラオス領を通っていた)を通過した人の数は延べ二〇〇万人ともいわれ、北ヴェトナムの少なからぬ人がカンボジア、ラオス体験をもったことになる。しかし、ヴェトナム人のインドシナ体験が深く広かったのに対し、カンボジア人やラオス人のインドシナ体験はより限定されていたというギャップは解消されなかった。このような「ヴェトナム革命」と「インドシナ革命」の関連における矛盾が極限的に表出されたのが、一九七八年のヴェトナム軍によるポルポト・カンボジア政権打倒――これをうけて翌七九年に中国がヴェトナムに軍事介入――という事態だった(その後、一九八〇年代にはカンボジア問題の政治解決が図られ、ヴェトナム軍は八九年に撤退した)。

ヴェトナム内の民族問題と民族政策

ヴェトナム内での多数派(キン人)と少数民族の関係は、キン人が人口の九割を占めるという重さによって特徴づけられ、かつてはヴェトナム人という概念自体がキン人と等置されやすかった。約九割という比率は中国における漢人の重さに近く、ソ連/ロシア帝国におけるロシア人の比率が五割前後だったのと大きく異なる(現代のロシア連邦は領土が大きく縮んだため、ロシア人の比率は八割を超える)。いずれにせよ、民族政策実行の前提として民族識別の作業が必要だった点はソ連・中国と共通する。一九七三年には南北あわせて五九の民族があるとされたが、統一を経て一九七九年以降、五四の民族が認定されている。

初期のヴェトナム民族運動はヴェトナム人＝キン人という等式を暗黙の前提とし、単一民族的な発想をとっていた。しかし、独立闘争の過程で、戦略的な要地に住む山地民族を同盟者とする必要があり、またフランスがキン人以外の諸民族を味方に引きつける政策をとったことへの対抗の必要もあって、少数民族への注目が高まった。こうして、少数民族が「ヴェトナム国民」の一部として位置づけられ、多民族国家としての統合が新たな課題となった。

ヴェトナム共産党の民族政策の揺れは、ソ連や中国の場合と共通する側面と独自な面とがある。あらゆる少数民族に一律に自決論を宣言したり、後にそれを取り消したりするというジグザグは、ソ連・中国と共通のものである。多数派民族の重みが大きく、また少数民族が地理的に散在しているために、各民族ごとの「国民国家」の連邦という形をとりにくかった点は、ソ連と異なり、どちらかといえば中国と共通する。一九五六年に当時の北ヴェトナムに二つの「自治区」がつくられたのは、中国の「区域自治」――また、ソ連時代のロシア共和国の型でもある――と似たところがある。もっとも、自治区名に特定民族名が冠せられず、むしろ地域自治の色彩が濃かった点では、中国型とも異なっている。一九六一～六二年には自治区不要論の高まりを受けて自治区の権限が縮小され、七五年末には自治区そのものが廃止された。

ヴェトナムにおける特異な少数派として華僑・華人が挙げられる。彼らの位置づけに関わる根本問題は、ヴェトナム国民の一部――つまり少数民族の一つ――とみなすか、それとも外国人＝中国人とみなした上で、中国との絆となることを期待するかという選択にあった。一九三〇年にヴェトナム共産党(まもなくインドシナ共産党と改名)が創立された時、ヴェトナム人党員とほぼ匹敵する規模の中国人共産党員もヴェトナム共産党に加盟したが、これはヴェトナム政治におけるその比重の大きさを如実に物語る。このような組織方針がとられたのは、当時のコミンテルンの「居留国主義」の適用でもあったが、それだけにとどまらず、大都市部に多い華僑労働者を組織する上で有用だとの判断もあった。

戦後初期の北ヴェトナム政権は、中国籍のままでもヴェトナム公民と同等の権利を認めるという政策をとり、中国系に関する限り国籍の別は有意味でなかった。しかし、中国の文化大革命期に華僑が文革の輸出のチャンネルとなることが恐れられたこと、七〇年代には中米和解に対するヴェトナムの不信などの事情が重なり、華僑政策の転換が引き起こされた。これまで中国籍をもっていた人(華僑)に対してヴェトナム国籍をとる(華人となる)ことを強く勧める一方、中国籍を維持する者に対しては、以前のようなヴェトナム公民と同等という特権を廃止して純然たる外国人扱いをするようになった。このことは、南ヴェトナムにおける「資本家改造」が華僑を直撃したこととも相まって、華僑・華人の大量流出をもたらした(一九七八〜七九年に陸路で二五万、「ボートピープル」が二九万といわれる)。このことは、南北統一後の経済建設上の困難とも相まって、八〇年代半ば以降の大きな政策転換のきっかけとなった。

第Ⅳ章　冷戦後の世界

一九八九年秋の東欧激動、一一月のベルリンの壁崩壊、そして一二月のマルタ会談における「冷戦の終焉」宣言から、二〇年近くの時間が過ぎた。「冷戦後」という時代も、ほぼ二〇年におよぶ歴史をもとうとしているわけである。この時代の特徴づけには種々のものがあるが、中でも次の二つが最大のものだという点に異論は少ないだろう。その一つは、「冷戦」という名の「もう一つの世界戦争」が終わったことに伴う戦後処理としての国際秩序再編ということであり、この点では第一次世界大戦後および第二次世界大戦後と一定の共通性がある。そしてもう一つは、グローバル化・ボーダレス化の飛躍的進展という側面である。グローバル化・ボーダレス化それ自体は冷戦終焉と関わりなく、それ以前から進行していた現象だが、旧社会主義圏が——「社会主義市場経済」をとる中国を含めて——世界市場に取り込まれることで一段と進行したから、その意味で両者は無関係ではない。この章では、早くも二〇年になろうとする幅をもつこの時期を「現代」として、そこにおける民族問題の諸相について考えてみたい。

1 新たな問題状況——グローバル化・ボーダレス化の中で

グローバル化・ボーダレス化の逆説

グローバル化・ボーダレス化は、それだけとってみれば「国民国家」の意義を引き下げる方向に作用するかに見える。国境を超えるヒト・モノ・カネ・情報等々の移動の飛躍的増大は、国境を完全に無意味にするとまではいえないにしても、少なくともその意義を従来ほど絶対的なものではなくしつつあるからである。しかし、逆に、だからこそ、そのことに対する反撥や抵抗が各地に生まれ、新たな条件下でのナショナリズム再生の基盤ともなっている。ナショナリズムという現象がしばしば「普遍的」な理念と個別民族の自己主張の結合という両義性をもっていることについては、これまで本書の各所で指摘してきた。現代においては、グローバル化という普遍主義が一段と強まりながら、それが新しいナショナリズムという特殊主義を強めるという一見逆説的な状況がみられる(大澤真幸『ナショナリズムの由来』)。

「ボーダレス化」とは、それ自体としていえば、国境の敷居が低くなることを意味するが、他面では、むしろだからこそ垣根を改めて強めようとする動きも進行している。一つには、グローバルな規模での経済競争の激化が、各国の経済ナショナリズムをあおっている。多国籍企業は「国民国家」に関わらない活動を圧倒的に増大させているし、国際経済環境の圧力は各国政府の経済政策の選択の余地を狭めているが、それでも、各国政府はそうした環境の中における自己の地位の確保に躍起とならざるをえない。

もう一つには、新自由主義的な経済政策の世界的広まりの中で福祉が切りつめられ、各国内での社会的・経済的格差が拡大しているが、そのようにして追いつめられた社会的弱者が、自己の苦境の原因を「よそ者」や隣国の行動に求め、幻想的な「国民的一体性」に救いを求める傾向が強まっている。そこには、かつて経済的弱者の多くを組織した「社会主義」思想が今や大きく権威を失墜し、弱者の「希望の星」でなくなったという事実が反映しており、これは冷戦終焉の一つの副産物でもある。

「先進諸国」においては、発展途上国からの出稼ぎ労働者や各種難民の流入が増大し、合法・非合法あわせて、住民の中で無視できない比率を占めるようになってきた。日本は欧米諸国に比べて外国からの労働者や難民の受け入れに対して消極的だが、それでも以前に比べれば、在住する外国人の数は大分増えてきた。こうした人的接触の増大も、各国内での民族・エスニシティ間の摩擦を高める要因となっている。

新たな「帝国」とアメリカ

第Ⅱ章第2節で「帝国」概念の変遷について触れたが、最新流行の「帝国」論においては、個別国家の枠を超えたグローバルなネットワークというイメージで「帝国」を捉える議論と、「唯一の超大国」となったアメリカを「帝国」そのものとみる議論の双方が混在している。両者は矛盾しているようにも見えるが、前者のグローバル・ネットワークの中枢にアメリカが位置しており、往々にしてアメリカ標準が「グローバル・スタンダード」とされていることを思えば、別々の現象ではない。

世界経済におけるアメリカの優位性はあくまでも相対的な強さであって、絶対的なものとまではいえない。それなのにアメリカがグローバリズムの覇者であるかに見えるのは、「冷戦に勝った」という意識によるところが大きい。一九八九年末のマルタ会談までは、ゴルバチョフ外交に欧米諸国も強い印象を受けて、対峙構造の克服と和解という形で冷戦終焉が目指されているかに見えた。しかし、その後の展開――湾岸戦争、ドイツ統一の「吸収合併」方式での実現、そしてソ連解体――は、むしろ冷戦が一方的な勝利／敗北として決着したという捉え方を支配的なものとした。このような「一方的勝利」感は、アメリカに「唯一の超大国」という自己意識を与えた。「世界の警察官」意識はそれ以前からもあったものだが、「一方的な勝者」「唯一の超大国」としての位置ゆえに、それが正当化されやすい状況が生じた。このような前提条件の上に「九・一一」事件が起きたことは、単独行動主義の一層の強まりを呼び起こした（ブッシュ時代が末期に近づき、アメリカでは変化の兆しが見えるが、ここでの主題ではないので、立ち入らない）。この問題については既に多くの議論があり、ここで屋上屋を重ねるのは無用だろう。

ともかくグローバル化の中枢にアメリカが位置しているということは、両者を切り離して論じることができないということを意味する。グローバリズムそのものはアメリカによる一方的支配というほど単純なものではないが、にもかかわらず、多くの諸国に広がる「反グローバリズム」の動きは「反米主義」として表現されやすい構造がある。グローバルな支配・抑圧に対してグローバルな大衆(マルティテュード)が対峙するという期待に基づく議論も一部にはあるが、現実にはむしろ、グローバリズムへの対抗は狭いナショナリズムに自閉する傾向が強まっているようにも見える。

ヨーロッパの東方拡大

アメリカとは異なる「極」として注目されるEU(ヨーロッパ連合)は、この間、その統合の内実においても、また包摂する空間的範囲においても、拡大を続けてきた。EUの東方拡大とほぼ歩調をそろえて、軍事同盟としてのNATO(北大西洋条約機構)も東方拡大を進めている。ここで考えねばならないのは、EU/NATO拡大は普遍的価値および国際協調の広がり、そして「国民国家」の狭隘性の克服なのか、それともむしろ新たな「排除」の構造の再構築を意味しないか、という問題である。拡大したヨーロッパの内側だけを見れば、前者の見方が相当程度正当化されるように見える。しかし、これが特定地域の組織である限り、たとえその境界が移動しても、その「外」との関係如何という問題が常に残る。「中」においてヒトとモノの自由な往来を認める以上、「外」から不法移民・麻薬・武器などが入ってくることに対しては、むしろ警戒心を強める必要性が高くなる。とすれば、「壁」はなくなったのではなく、東の方に移動しただけだという見方もできなくはない。

ＥＵ拡大の限界は、「ヨーロッパ」の東限はどこかという問題と重なる。トルコ加盟の可能性は以前から問題にされてきているが、なかなか決着しそうにない。トルコの人口は二一世紀初頭に約七〇〇〇万にのぼり、もし加盟が認められるならドイツに次いで人口第二位となる。西欧諸国内に在住するムスリムの問題とも相まって、ヨーロッパがイスラームをどこまで取り込みうるかが問題となっている。

ＥＵ拡大との関わりにおけるトルコ問題がよく知られているのに比して、東方正教会圏諸国のことはあまり注目されていないが、これもまた微妙な問題を提起している。二〇〇四年のＥＵ東方拡大は、あたかも西方教会圏と東方教会圏のあいだに新しい境界線を引くかの外観をとり、「文明の衝突」を体現するかにも見えた(プロテスタント圏とカトリック圏のみを「自由と民主主義の世界」とみなし、イスラーム圏と東方正教会圏を「不自由と権威主義の世界」とする暗黙の図式)。もっとも、東方正教会の伝統をもつ国が絶対にＥＵに入れないということではなく、ギリシャ(一九八一年)、キプロス(二〇〇四年)に続いて、ルーマニアとブルガリア(二〇〇七年）が入り、さらにはセルビアにまで及ぶ可能性もある。もしセルビアが加入してEU内の正教会圏がかなり大きくなったり、トルコ加入によって大きなイスラーム人口をかかえるようになるなら、EUの性格も――ロシアとの関係を含めて――変わることも考えられなくはない。とはいえ、これは今後の問題であり、現段階では未知というほかない。

ヨーロッパ内のマイノリティ問題

ヨーロッパ諸国は歴史的に早い段階で「国民国家」形成を完了したと従来考えられてきたが、ここ数十年の動きは、むしろ国内マイノリティの問題を改めて浮上させている。よく知られている例をざっと並べるだけでも、イギリスにおける北アイルランド、スコットランド、ウェールズ、スペインにおけるバスクとカタルーニャ（前者はフランスにもまたがっている）、イタリアにおける北部の独自利害主張（イタリアには南チロル問題もある）、ベルギーにおける言語対立などがすぐ思い浮かぶ。もちろん、これらの問題の鋭さは地域および時期によって異なる。全般的には、「豊かな社会」という条件のおかげで、対立・紛争も比較的穏やかなレヴェルにとどまっているものが多い。いくつかの国では、「多極共存民主主義」が一国内諸民族の平和的・民主的共存を可能にしているという見方もある。しかし、いつでもどこでも「平和と民主主義」が保たれているかといえば、そう簡単にはいえない。時によっては、テロ活動とそれに対する厳しい取り締まりとか、国家統合を揺るがす分離主義運動の登場に至る場合もないわけではない。

ヨーロッパにおける諸種の紛争が比較的穏やかであることの理由として、EU統合の進展が個々の国民国家の枠を相対化し、その分、既存国家内のマイノリティの権利が保護されやすい条件ができているという見方がしばしば提起されている。「補完性」原則により分権化が進行し、フランスやイタリアのように伝統的に集権的単一国家制をとってきた国でも、連邦制そのものではないまでもそれに近い方向での国制改革がなされて「地域」の役割が向上しつつあることも、エスニックな多様性を生かしやすい条件となっている。文化・言語政策においても、EU諸機関はマイノリティの文化的権利保護に熱心であり、少数派言語保存のための活動も活発に行なわれている。各人が母語以外に二つ以上の言語を習得すべきだという目標を掲げた多言語主義教育も推進されている。EU東方拡大との関係では、新規加盟諸国に対して、内部のマイノリティに対する差別の排除が重要な条件として課された。

とはいえ、EU諸国内のマイノリティの問題がすべてうまく解決されているというわけではない。少数派言語にもいろいろな種類のものがあり、それらのうち相対的に大きめのものは政策的梃子入れで地位を向上させることが可能だが、より規模が小さいものの場合は、シンボリックな尊厳付与がなされても、現実の言語行動に影響を及ぼすことはより困難である。

少数派言語よりも有力な各国の主流派言語(それぞれの国の公用語)にしたところで、すべての加盟国の公用語をEUの公用語にするという原則があるものの、現実の流通における優劣という問題は厳然として残っている。多数公用語主義は通訳・翻訳確保の困難という問題をかかえ、現実問題としては英語・フランス語などの基軸言語を介したリレー通訳(一種の重訳)とならざるをえない。加盟国数増大に伴う公用語数の増大(二一世紀初頭時点で一一だった公用語は、二〇〇四年拡大で二〇となり、二〇〇七年には二三へと増大した)につれて、名目上の対等性と実質的な格差のギャップは、ますます深刻化しているように見える。

以前からのマイノリティに加え、近年、新たに注目度を高めているのは、各国におけるムスリム系移民の増大である。入国・就労・教育・国籍付与・文化的統合等々、さまざまなレヴェルでの問題がある。フランスでは正式の滞在許可証をもたない移民(サンパピエと呼ばれる)が大きな問題となっている。

フランスでは世俗主義の原理との関わりで、公立学校におけるスカーフ問題が長らく大きな争点であり続けているのは有名である。ドイツは政教関係の型をフランスと異にしているせいもあって、同種の問題があることはあまり広く知られていないが、アフガニスタン出身のムスリム女性(ドイツ国籍取得)の教員が教室でスカーフを着用することの可否が問題となったことがある(広渡清吾「EUにおける移民・難民法の動向」『聖学院大学総合研究所紀要』第三〇号、二〇〇四年)。ＥＵ外の例だが、ロシア連邦のタタルスタン共和国でも、ムスリム女性が頭に被り物をつけたまま撮った写真をパスポートに使うことができるかという問題が、一九九〇年代から二一世紀初頭にかけて大きな争点となった(二〇〇五年五月、ロシア連邦最高裁判所は被り物で頭を覆った写真の有効性を認めた)。

「新右翼」と排外的ナショナリズムの高まり

ヨーロッパ諸国でエスニック・マイノリティ問題が深刻化する中で、「新右翼」「極右」「右翼ポピュリズム」等々と呼ばれる動きが各国で活性化している(フランス、ドイツ、オーストリア、イタリア、ノルウェー、オランダその他)。「新右翼」は一九八〇年代半ばから九〇年代にかけて台頭し、いくつかの国では連立政権の一員として政権参加する例さえも現われた。欧州議会でも一定比率の議席を確保している。

新右翼は雑多な潮流を含み、全体としての特徴づけは難しいが、経済グローバル化やＥＵ統合進展の中で自己の地位が掘り崩されていると感じる社会層——客観的状況は多様だが、少なくとも主観的には「被害者」「弱者」意識をいだく人たち——の不満を集約している面のあることが注目される。そこには、自由主義政党と社会民主党を中軸とする既存政党システムの機能不全への苛立ちが看取される。ＥＵ統合の進展の中で、政策決定が国民の手から遠ざかっていることへの反撥もこれに重なる。こうした新右翼運動の中で大きな位置を占めているのが、外国人労働者・移民の増大への反撥であることはいうまでもない。

一九九〇年代初頭に体制転換を遂げた中東欧諸国(その大半が現在ではEU/NATOに包摂されている)でも、転換後の新体制のかかえる種々の矛盾から、右翼ナショナリズム的な勢力の台頭が見られる。その強さは国により時期によって異なるが、ハンガリー、ポーランド、ルーマニア等々で、大なり小なりそうした動きが注目を集めている(前提条件が大きく異なるが、ロシアでも同種の現象がある)。これら諸国における「非民主的」政治運動の台頭については、西欧に比べての「後進性」や社会主義時代の「負の遺産」によって説明されることが多い。だが、それにとどまらず、西欧諸国と共通の事情も見落とせない。EUへの加盟と経済統合が不可避の趨勢でありながら、そのことへの秘かな不満も募っていること、新自由主義的な経済政策が国際的条件から強いられる一方、その副産物としての格差拡大への不満が既成政党にうまく掬いとられないなどといった状況がそれである。

2 再度の民族自決

冷戦終焉後の新しい「国民国家」形成

「民族自決」原理およびそれと結びついた「国民国家」の創出は、二一世紀の世界においては、もはや「時代遅れ」のものとみなされることが多い。特にいわゆる「先進諸国」では、そうした観点からの「ポスト国民国家」論が有力になりつつある。他面、いくつかの地域では、二〇世紀末から二一世紀初頭にかけて新たな「国民国家」の創出が熱心に進められたり、あるいは目標として追求されたりしている。

このような一見矛盾した状況に関する一つの説明として、世界的にはポスト国民国家の時代なのだが、後進地域は今頃になってようやく一九～二〇世紀的課題を実現している、つまり後者は前者の軌跡を一〇〇年程度の遅れで追いかけている、というものがある。だが、そのような一直線上の「先進・後進」図式は、「先進」地域と「後進」地域との同時存在性、そしてそれに由来する相互影響関係を見落としてしまうおそれがある。今から十数年前の冷戦終焉期に一連の「国民国家」が集中的に形成されたことは、ややもすれば単純な「既成事実」とみなされ、立ち入った考察はほとんどなされていない。この節では、その経過を振り返って、いくつかの注目すべき点について考えてみたい。

冷戦終焉期に新しい「国民国家」の創出が進められた実例としては、ソ連、ユーゴスラヴィア、チェコスロヴァキアという三つの連邦国家の解体、そして東西ドイツの統一がある。これらはいずれも旧社会主義圏に属するが、潜在的可能性として同様の問題をかかえている事例は、旧社会主義圏以外にも多数存在している(順不同の羅列だが、バスク、クルド、ケベック、アチェ、ベルギー、南北朝鮮、その他、枚挙にいとまがない)。二〇世紀末に一連の独立国家成立あるいは国家統合が現実化したことから、これに続いて多民族国家の分解があちこちで連鎖反応的に起きるのではないかという観測も、一時期はかなり広まった。しかし、これまでのところ、国家の枠の組み直しの実現は、比較的限られた事例にとどまっており、一時予期されたほど一挙的に広まってはいない。そこで、潜在的問題状況が広い範囲に共有されていることと、そのうち現実の国家枠組み再編に至ったのはごく一部にとどまるという事実の双方を視野に入れて考えていかねばならない。

国家分裂の条件――既存の連邦制の意義

多民族国家という存在自体は特異なものではなく、ある意味ではほとんどすべての国が多民族的だが、そのことが自動的に国家の解体をもたらすわけではない。第Ⅲ章第1節で見たように、国際社会は国家の枠組みの組み直しに対して消極的態度をとることが多いが、世界的規模で国際政治秩序全般が変容する時期はその例外となる。冷戦終焉もその例である。つまり、冷戦終焉後の世界秩序再編には、「社会主義が終わった」というだけではなく、第一次大戦や第二次大戦と同様に世界大の「戦争」が終わったことに伴う戦後処理という性格がある。

もう一つの注目すべき点は、冷戦終焉期に多民族国家の解体を経験したのは、どれも連邦制をとっていた国であり、しかも、旧来の連邦制度において「共和国」という位置を与えられていた地域だけが独立国となったという事実である(二〇〇八年二月に一方的独立を宣言したコソヴォが多くの国から承認を受けたのは最初の例外だが、これが唯一の例外となるかどうかは今後の展開にかかる)。ベラルーシや中央アジア諸国のようにもともと独立運動が微弱だった共和国が独立国になった一方、チェチェンのように独立運動の強いところは、これまでのところ独立国になっていない(コソヴォもごく最近まで認められてこなかった)。これは旧体制下の連邦制度がその解体のあり方を規定したことを物語っている。旧来の制度は「形式に過ぎない」と一般にみなされてきたが、にもかかわらず、ある種の実質的な意味をもったということがここには示されている。

先に述べたように、多民族国家は至る所にあるし、既存の国家から分離しようとする民族運動も——その強さの度合いを別にすれば——あちこちに存在している。そのすべてを承認するなら収拾のつかない大混乱が生じかねないことへの危惧から、特定の条件のもとで、しかも既存の国家制度に対する最小限の変更によって新たな独立国家がつくられる場合に限って独立を承認する、というのが国際社会の対応だった。ここで「特定の条件」とは、体制転換に伴い既存の国家の正統性が揺らいだことを指し、「既存の国家制度に対する最小限の変更」とは、既存の連邦制の論理の転用および「共和国」間境界線の新興独立国家間国境へのそのままの転用を指す。もっとも、独立国家形成の時点にさかのぼっていうなら、そのような結論が最初から自明だったわけではないし、こうした方式での独立がどの程度平穏に進むか、あるいは暴力的紛争を含む苦難の道を歩むかも、当初は未確定だった。

新しい独立国家の形成が既存の連邦制の論理の転用という形で進行したことは、「どの単位で新しい国家が形成されるか」という難問の決着を相対的に容易にし、比較的平穏な分離をとりあえず可能にした。そのことは、特に平穏な分離だったチェコスロヴァキアの場合(「ビロードの分離」と呼ばれた)だけでなく、ソ連のように巨大で、あちこちに複雑な紛争の火種をはらんでいた国でさえも、本格的な内戦は意外なほど少なかったことに示されている。しかし、ユーゴスラヴィアでは深刻な内戦を伴う難産の分離となり、「民族浄化」というレッテルの貼りあいさえもが進行した。また、旧ソ連のいくつかの地域でも、連邦解体後の新たな情勢の中で暴力的紛争が起きた。これらの事例の比較研究はあまりにも大きな課題であるため本書で立ち入ることはできないが、今後進められるべき重要な主題である(とりあえずの試論的概観として、塩川伸明『現存した社会主義』勁草書房、一九九九年、第V章第4節参照)。

既存の国境をはさむ「同一民族」

「国民国家」形成は、多民族国家からの分離独立によって達成されるだけでなく、それまで別々の国家をなしていた地域の統合という形をとることもある。東西ドイツの統一がその典型であることはいうまでもない。しかし、これと一見類似した状況にある他の事例で統一が実現していないという事実は、あまり注目されていないが、興味深い問題を提起している。多民族国家が必ず分解するとは限らないのと同様、「同一民族」(とみなされている集団)が複数の国家に分かれていても、それが必ず国家統一という形で決着するとは限らない(ドイツ統一後も、オーストリアは別国家を維持しているし、スイスはドイツ語圏を含む多民族・多言語国家だが、その国家の枠が変わる兆しはない)。

ソ連から独立したモルドヴァとその隣国ルーマニアの場合、一九九〇年前後の時期にはドイツ統一とのアナロジーで、モルドヴァとルーマニアもすぐにも統一されるだろうし、それが当然だとの観測が、外部の観察者のあいだでかなり広まった。確かに、ルーマニアとモルドヴァは文化的・民族的には同系統――見方によっては、実質上同一民族――だが、それが直ちに国家統一に結びつくわけではない。「ほぼ同じ」とみなされる言語であっても、口語では微妙な差異がある以上、統一されればブカレストの「標準語」に対してモルドヴァの言葉は「方言」とされ、後者はブカレストから見下される関係になるという危惧もあった。またモルドヴァの政治家たちは、いったん「独立国」の有力なポストを占めた以上、それを手放すのは自己の利益にならず、むしろ「一民族・二国家」論によって自己の地位を保全しようとした。経済的には、旧西ドイツが旧東ドイツに対し強い吸引力をもっていたのとは対照的に、モルドヴァにとってルーマニアとの統合はあまりメリットがなく、むしろロシアをはじめとする旧ソ連諸国との経済関係維持の方が重要だった。

こうした事情から、モルドヴァではルーマニアとの統一論は大衆的広がりをもたず、都市の知識人(特に文学者)中心の運動にとどまった。一九九〇年代初頭に何度か行なわれた世論調査によれば、即時統一賛成は一割以下、将来の統一賛成は一、二割、これに対し統一反対＝独立維持論が約七割だった。一九九四年三月には、独立国家として現在の国境を維持する——つまり、ルーマニアとは統合しない——ことに賛成かと問う国民投票が行なわれ、圧倒的賛成で可決された。その後のモルドヴァは複雑な揺れを経験しており、特に二〇〇七年にルーマニアがEUに加盟したことは新たな問題状況を生み出しているが、ともかく近い将来の統一は現実的展望となっていない。

中央アジアの一部には、「統一トルケスタン」論がある程度存在している。しかし、これについては、むしろそれが非常に弱いという点が注目される。従来、中央アジアの五民族(カザフ、キルギス、ウズベク、トルクメン、タジク。またカラカルパクを入れれば六民族となる)は、ソヴェト政権下で「人為的」に形成されたという指摘がしばしばなされてきた(いわゆる

「分割統治」論）。そのような観点に立つなら、ソ連が解体した後は「人為的分断」を克服して「統一トルケスタン」が実現するのが自然だとも考えられるのに、現実にはそうならなかった。「人為的」な形成物であっても、数十年間にわたる擬似国家の経験およびそれを担う民族エリートの形成は、独立を「統一トルケスタン」としてではなく、各民族国家ごとという形をとらせる要因となった。

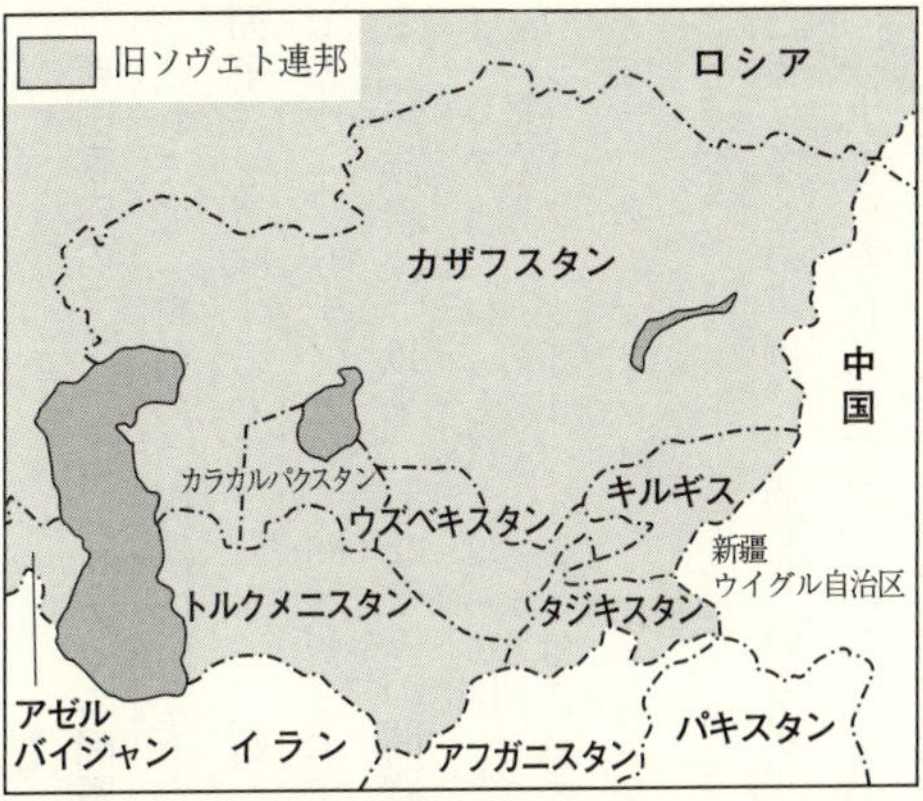

図3　中央アジア諸国

既存の国境を越える範囲に「同一民族」が分布している例は、その他にも数多い。おそらく最大の例はクルドだろうが、その他にも「三つのモンゴル」（モンゴル、内モンゴル、ブリャート）統一論、ウイグル、チベット、バスク等々が挙げられる。その多くは、直接当事国が分離や統合を認めないだけでなく、国際社会全体も現状変更に消極的であり、近い将来の現実的展望となってはいない。南北朝鮮、中国と台湾の場合は、これに体制間の対立が重なることで事情がいっそう複雑なものとなっている。

新国家内のマイノリティをめぐる問題

これまで「自前の」国民国家をもたなかった民族が自らの国家をもつことは、民族問題の全面解決を意味するわけではない。新しい国家の範囲をどのように定めても、必ず新しい領土内でのマイノリティという問題が浮上するからである。これは第一次世界大戦後の中東欧における「民族自決」以来、おなじみの問題である。問題をさらに複雑にするのは、新興国家内のマイノリティには、しばしば「母国」とみなされる国が近隣に存在しているという事情である。ロジャース・ブルーベイカーはこれを「ネイション化しつつある国家」「その内部のマイノリティ」「(そのマイノリティにとっての)母国」の三者関係として定式化した(Rogers Brubaker, *Nationalism Reframed*, Cambridge University Press, 1996)。このような三者関係が発生するということ自体は多くの事例に共通しているが、それが具体的にどのような形を取るかは一様ではない。

一九九〇年代前半には、旧ユーゴスラヴィアのクロアチアやボスニアにおけるセルビア人が「新たなマイノリティ」となり、内戦の引き金となった。これとのアナロジーで、旧ソ連各地に在住するロシア人が同様の武力紛争の引き金となるのではないかという観測も広く行なわれた。しかし、現実には、「在外ロシア人」は種々の困難な問題を引き起こしはしたものの、モルドヴァ東部の沿ドネストル地域をほぼ唯一の例外として、武力紛争という形にはならなかった（塩川伸明『国家の構築と解体』補論参照）。

旧ソ連諸国には、ロシア人の他にも、新興独立国内のマイノリティになった人々が多数存在している。とはいえ、それらの動向は多様であり、至る所で同じような紛争を引き起こしているわけではない。そもそもマイノリティだからといって常に民族紛争を引き起こすとは限らないし、紛争が起きた場合にも、相対的に平穏な権利要求や利益分配要求にとどまる場合も少なくない。ソ連解体直後には、政治秩序全体の激しい動揺の中で権利要求がエスカレートし、あたかも分離独立運動につながっていくかに見える例もあったが、その多くは政治的駆け引きとしてのブラフ（脅し）であり、本来的な意味での分離独立論ではなかった。ロシア連邦の中でも大きな位置を占めるタタルスタンやバシコルトスタンは、資源をはじめとする重みを利用して連邦中央と個別問題での論争を繰り返しているが、それはあくまでも連邦体制の枠内での条件闘争という性格のものである。

ロシア以外の例でいえば、モルドヴァ南部のガガウス人地域は、一時期は独立ないしそれに近い地位を要求してモルドヴァ中央と激しく対立したが、一九九五年以降、モルドヴァ内での自治付与によって一応の安定をみている。ウクライナに帰属するクリミヤで住民の多数を占めるロシア人の運動も、一時は尖鋭化するかに見えたが、一九九〇年代半ば以降は鋭さを失った。リトワニアのポーランド人地域も鎮静化している。平和的に推移している事例は、激しい紛争

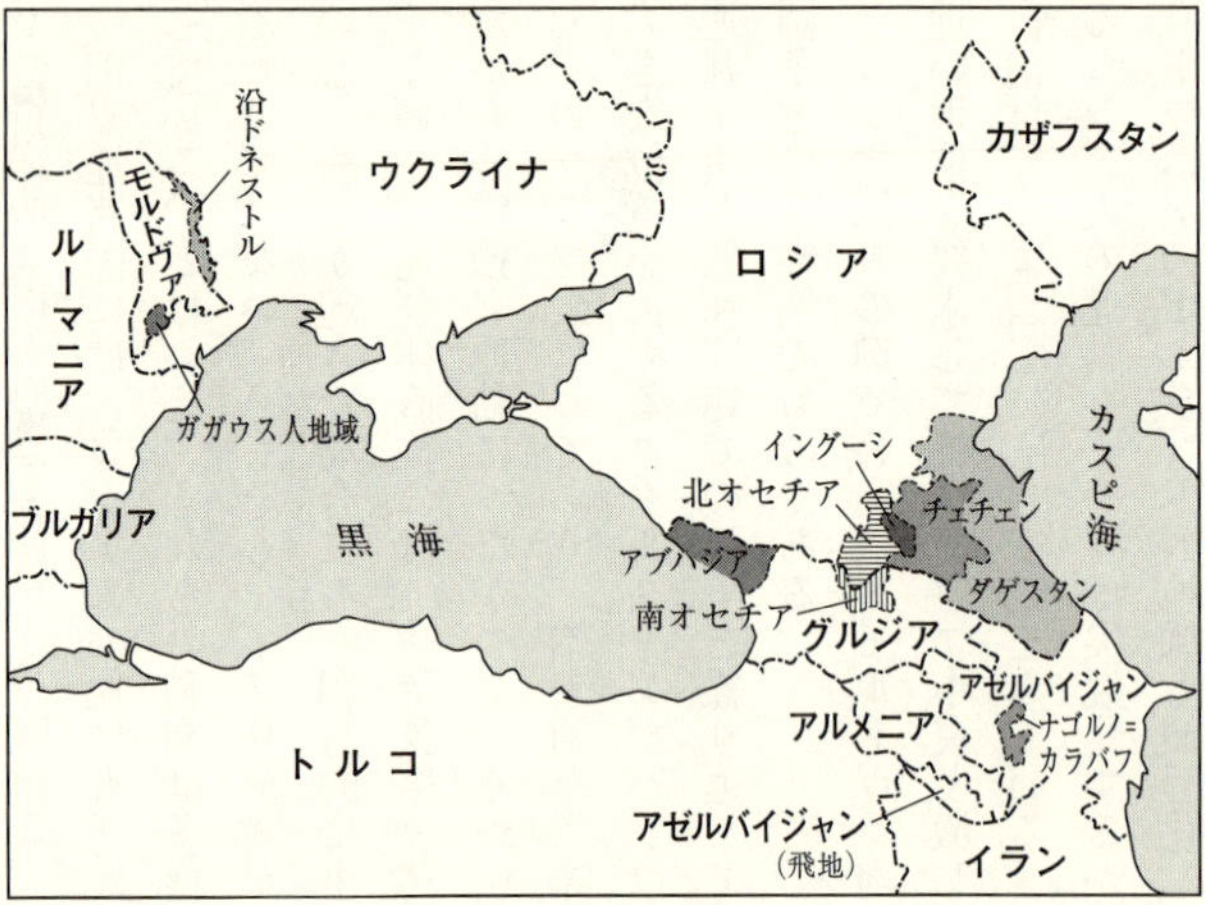

図４　黒海沿岸地域

に彩られている事例に比べて人々の目を引くことが少ないため、その存在自体があまりよく知られていないが、実際には、マイノリティの多くがこれに該当する。

そうした中で、新興独立国家内のマイノリティの位置をめぐる紛争が尖鋭な形をとり、困難な課題として残っている事例としては、チェチェン、沿ドネストル、アブハジア、南オセチア、ナゴルノ＝カラバフなどがある。もっとも、多くの場合、直接的な戦闘はとりあえず収まり、一応の平和が持続しているが、問題の最終解決は先送りされている。その結果、事実上の独立国家をつくりながらもそれが国際社会に承認されずにいるという中途半端な状況――「非承認国家」と呼ばれる――が続いているが、そうした地域においては、法的正統性が不明であるため、社会的・経済的混乱に伴う困難な状況がある。広く国際的な注目を集めているチェチェンのケースは他の地域との違いが大きく、同日に論じることができないが、ここでは詳しく立ち入る余裕がない（さしあたり、塩川伸明『ロシアの連邦制と民族問題』第三章参照）。本書執筆最終段階で勃発した南オセチアをめぐるロシア・グルジア衝突についても、他日を期すほかない（とりあえず、http://www.j.u-tokyo.ac.jp/~shiokawa/ongoing/notes/200808-p.pdf 参照）。

コソヴォ独立とその波紋

この節の最後に、ごく最近独立を宣言して国際的注目の的となっているコソヴォについて、簡単に見ておこう。第Ⅲ章第5節で述べたように、一九七〇年代のコソヴォは高度の自治を認められており、むしろコソヴォ内少数派としてのセルビア人の不満が募っていた。このようなセルビア人側の「逆差別」意識を背景に、ミロシェヴィチ・セルビア政権は一九八〇年代末にコソヴォの自治を剝奪した。これに対抗するコソヴォのアルバニア人民族運動は自治回復にとどまらない完全独立を求め、セルビア政府と鋭角的な対立関係に入った。しかし、そのことが直ちに暴力的衝突を招いたわけではない。九〇年代前半においては、コソヴォの民族運動の主流派は非暴力路線をとっており、そのおかげで、紛争含みながらも一応の平和が保たれていた。

図5　旧ユーゴスラヴィア諸国

ところが、一九九六年末頃から、「コソヴォ解放軍」という武力独立路線の運動が台頭し、九七年末〜九八年初頭には暴力闘争が全面化した。セルビア側もこれに対して軍事力で制圧を目指し、九八年から九九年にかけて事実上の戦争状態が続いた。そうした中で、九九年三月にNATOは「人道的介入」の名目のもと、セルビアに対する空爆に踏み切った。もっとも、この時点ではNATO諸国はセルビア政権の打倒まで目指したわけではなく、コソヴォについても独立ではなくセルビア内での自治を想定していた。しかし、二〇〇五年頃からNATO諸国は独立承認へと転換した。NATO主導でのコソヴォ独立承認の動きにセルビアは強く反撥し、ロシアもセルビアに対する「庇護者」として振る舞うということで、コソヴォ問題は国際政治の一つの焦点となった。

こうした経緯を経て、コソヴォは二〇〇八年二月に一方的独立宣言を発し、日本を含む多くの国から承認を受けた。コソヴォの独立が認められる場合、最大の問題は、他の「非承認国家」はどうするのかという点にある。一時期おさまっていた南オセチア紛争が同年八月に一挙に火を吹いたのは、コソヴォ独立に刺激されたという面が大きい。旧ソ連圏以外でも、「非承認国家」の例として北キプロスがあり、分離運動の例はもっと多い(そのためもあって、内部に分離運動をかかえるキプロス、ギリシャ、スペインなどはコソヴォ独立承認に消極的である)。もう一つの難問として、コソヴォ北部に集中居住するセルビア人地区分離論にどのように対応するかという問題も残っている。

＊

全体として、二〇世紀末～二一世紀初頭の現代においては、「民族自決」のスローガンはかつてのような輝きをもたなくなり、「至上の正義」というよりは、むしろ「条件次第では認められるが、過度に固執するのは危険だ」という受けとめ方が広まっている。ありとあらゆる「民族」に「自決」を認めることが不可能であり、果てしない紛争の連続に導きかねないという歴史的経験を踏まえるなら、「民族自決」の相対化はそれなりに理解できるところがある。他面、特定の民族が自決を認められたのに、他の民族は自決を認められないのはなぜかという問いに対して論理的回答はなく、ご都合主義的ではないかという批判の余地はどこまでも残る。

3　歴史問題の再燃

歴史的記憶とナショナリズム

ナショナリズムは多くの場合、歴史的な記憶を――それが「客観的」な歴史的経緯とどのように照応するかはともかくとして――重要な要素としており、過去の象徴的な出来事に関する記憶の共有は「われわれ」意識の大きな柱をなしている。このこと自体は時代に関わらない一般論だが、冷戦後の現代においては、冷戦期に蓋をされていた歴史問題が表に浮上することで、これまでにもまして注目される度合いが高まってきた。そのことと、グローバル化の反面としての各国ナショナリズムの再燃とが結合して、歴史論争や記憶をめぐる政治が世界各地で盛んになっている。

日本と中国・韓国のあいだでの「歴史認識問題」をめぐる激しい論争(二〇〇五年に特に高まった後、ある程度静まったようだが、底流としては続いている)が、こうした「歴史論争」の重要な一例であることはいうまでもない。ただ、これについては既に数多くの議論が提出されている。本書では、この例自体について屋上屋を重ねることは避け、むしろこれを適切なパースペクティヴの中におくために、他の事例をいくつか取り上げてみたい。

虐殺の記憶をめぐる政治

過去の惨劇の記憶の喚起が現代政治上の争点となっている古典的な例としては、トルコによるアルメニア人大虐殺(一九一五年)問題がある。世界各地に住むアルメニア人ディアスポラは、この問題を繰り返し取り上げ、欧米諸国へのアピールを重ねてきた。これ自体は冷戦終焉以前から一貫して続いてきたことだが、近年、改めて注目されるようになったのは、トルコ政府が「ジェノサイド」を認めていないことがトルコのEU加盟への重要な障害となっているためである。もっとも、直接当事者でないヨーロッパ諸国とりわけフランスがこの点で強硬な態度をとっているのは、他者(アルメニア人)の悲劇を政治的思惑に利用しているのではないかとの疑念もないではない。

ナチ・ドイツによるホロコースト(ユダヤ人大虐殺)が、歴史記憶問題の大きな例であるのは周知のところである。ドイツが「罪の意識」をいだき、謝罪するのは当然だが、ここにはそれだけにはとどまらない複雑な問題が関係している。一つには、「絶対的な被害者・犠牲者」だったはずのユダヤ人が建国したイスラエルという国が、パレスチナ・アラブとの関係では新たな加害者として登場したことをどのように捉えるかという問題がある。西ヨーロッパ諸国では過去のユダヤ人迫害に対する罪の意識のため、ユダヤ人およびその国家たるイスラエルの主張を無条件に聞かなければならないという意識が強く、またアメリカでは強力なユダヤ・ロビーが存在して、親イスラエル政策への圧力をかけている。その結果、「長きにわたる歴史を通じての犠牲者・被迫害者」であるユダヤ人と現代世界の最強者たる欧米諸国が結託しているというのが、少なくともアラブ側から見た構図となる。ここには幾重にもねじれた関係がある。

第二次世界大戦中の惨劇の記憶の復活としては、戦時中のクロアチア人とセルビア人のあいだの相互殺戮の歴史が一九九〇年代前半に思い起こされ、旧ユーゴスラヴィア内戦の過熱をあおったという例も挙げられる。大戦期の相互殺戮の記憶は戦後のチトー時代にいったん封印されていたが、そのことへの揺り戻しとして、ユーゴスラヴィア解体後に急激に再生された。もっとも、「歴史的な怨念」の存在が自動的に暴力的衝突をもたらしたわけではなく、むしろ内戦の渦中で記憶の政治的動員が拡大したのだが、当時は、あたかも民族間衝突の歴史が必然的に内戦を引き起こすかのように受けとる風潮が強まった。この事例は、歴史問題再燃の早い例であり、過去の記憶が特定の形で政治的に利用されるときにいかに大きな結果を引き起こしうるかをまざまざと示し、「記憶をめぐる政治」が世界的にクローズアップされる一つのきっかけとなった。

折り重なった加害と被害

冷戦終焉期に社会主義圏から離脱して「ヨーロッパ回帰」を進めている中東欧諸国では、当事者の自己意識としては、元来ヨーロッパ文化圏に属したこと、およびその後にソ連圏に組み込まれて自立性を奪われていたことの歴史的記憶が強調されている。しかし、これらの国の現代史はそうした図式だけでは片づかない複雑性をかかえている。第二次世界大戦期にドイツが多くの中東欧諸国を占領したことへの報復として、戦後初期に多くのドイツ人がそれらの諸国から追放されたのはその一例である。報復の要素と戦後の混乱とが重なり合って、多くのドイツ人が種々の暴行を受けたが、この出来事は戦後長らく封印されてきた。

戦後の西ドイツでは、この「追放」問題を取り上げることはポーランドへの領土回復要求とつながるため、長らく政治的にデリケートな論点だったが、冷戦終焉と国境の最終確定（オーデル＝ナイセ線の最終承認）により、「追放」問題を領土問題と切り離して論じることが可能になり、マスメディアなどで語られる度合いが急速に高まった（佐藤成基『ナショナル・アイデンティティと領土』）。一部のナショナリズム再燃の動きとも関連して、「追放」の不当性を主張する声がドイツでは一段と高まったが、そのことは、これまでこの問題に直面してこなかったチェコ、ポーランドなどに当惑をもたらした。一九九七年のチェコ＝ドイツ和解宣言は、ドイツはナチ時代の侵略について遺憾の念を示し、チェコは追放過程における行き過ぎに遺憾の念を表明するという形で、政府レヴェルでの決着をひとまず付けたが、大衆意識レヴェルでは、その後もしこりが残っているようである。

第二次世界大戦期の中東欧における記憶の問題と関わるもう一つの微妙な問題として、ドイツ占領地域(中東欧諸国のほかバルト三国やウクライナ・ベラルーシなども)で行なわれたユダヤ人大虐殺がある。というのも、それらの地でユダヤ人虐殺を担ったのはドイツ人だけではなく、反ユダヤ感情をいだいていた現地諸民族もこれに加担した例が少なくないからである。ところが、中東欧やバルト三国の多くの人々は、従来「ソ連体制の被害者」という自己意識のみを強調してきたために、自分たちも「加害者」の一員だったという事実をなかなか正面から受けとめることができないでいる。

ソ連時代の歴史をめぐる論争

これまでに挙げてきた一連の例も、冷戦終焉後という時代状況と間接的に関わるところがあったが、より直接的に冷戦終焉——あるいは、より端的には社会主義圏の解体——と関わる問題として、ソ連の歴史のいくつかの側面がある。

ウクライナでは、ソ連時代の一九三二~三三年に起きた大飢饉を「ウクライナ民族に対するジェノサイド」だと認定する国会決議が二〇〇六年一一月に採択され、翌二〇〇七年五月の戦勝記念日には、ユシチェンコ大統領がウクライナ・パルチザン軍(大戦中に反ソ闘争を遂行したウクライナ民族主義組織）の復権を呼びかけた。ナチのホロコーストと三二〜三三年飢饉を同列におき、そのどちらかを否定する言論はともに刑事罰の対象とすべきだという主張も高まっている。このことはウクライナ内での歴史論争をかきたてると同時に、ウクライナとロシアのあいだの歴史論争の大きな要素ともなっている。ウクライナ急進ナショナリストの中には、ソ連の後継国たるロシアの謝罪を要求する声があるのに対し、ロシア・ナショナリズムの立場に立つ作家ソルジェニツィンは、飢饉は共産党上層部（少なからぬウクライナ人を含む）の失政によるもので、ウクライナ人抹殺を目論んだものではなかったと述べ、これを民族的ジェノサイドというのは挑発的なたわごとで、ボリシェヴィキ顔負けのデマ宣伝だと、激しい反撥をみせた（*Izvestiia*, 2 April 2008）。

エストニアでは、一九九〇年代から、種々の歴史記念碑をめぐる論争——一方ではレーニン像やソヴェト兵士像の撤去問題、他方では、第二次世界大戦中および戦後初期にソ連と戦ったエストニア民族主義者の記念碑設置問題など——が続いている。二〇〇五年五月の終戦六〇周年に際して、モスクワで戦勝祝賀祭典が各国首脳を招いて開催されたとき、エストニア大統領がリトワニア大統領とともに出席を拒んだことは、ロシアとの関係をいっそう緊張させた（時を同じくして、ブッシュ米大統領はラトヴィアのリガで、「ヤルタ協定は誤りだった」と発言したが、これは冷戦期の平和共存論の前提認識を覆す意味をもつ）。これらの論争の多くは言論戦にとどまっていたが、二〇〇七年四月には、ソ連軍兵士記念碑撤去問題がもとで、暴力的衝突が生じるにまで至った(ロシア人一名が死亡)。

ウクライナやエストニアでこのような形で歴史問題が蒸し返されることは、ロシアの側に、「自分たちこそスターリン主義の最大の犠牲者だったのに、その罪が不当にも自分たちになすりつけられている」という不満感、そして、「ヨーロッパに入りつつある諸国からロシアが疎外されている」という孤立感と焦燥感を強め、被害妄想的な反作用を生んでいる。西ウクライナやバルト三国の大戦中から戦後初期にかけての反ソ運動の中には、ナチ・ドイツと協力したのではないかと見られる部分——そこでは「協力」の側面と「抵抗」の側面が複雑に交錯しており、それらを峻別することは容易でない——が含まれることも、「過去の責任」問題を錯綜させている。多くのバルトの人々の目からみれば、第二次世界大戦終了期にやってきたソ連軍は「ファシズムからの解放者」ではなく「占領者」でしかない。しかし、多くのロシア人の側からすれば、ファシストに加担したウクライナやバルトの民族主義者が名誉回復される一方で「ファシストと英雄的に戦ったソ連軍」の栄光が汚されるのはとうてい耐え難いということになる。

犠牲者の規模をめぐる問題

歴史問題の一環として、犠牲者の規模が争われることがよくある。ナチによるホロコーストの規模とか、南京大虐殺の規模とか、スターリンの暴政の犠牲者の規模（民族問題との関係でいえば、ウクライナ飢饉をはじめ非ロシア諸民族の犠牲が特に問題となる）とか、第二次世界大戦期ユーゴスラヴィアにおけるクロアチア人とセルビア人の相互殺戮の規模、等々である。これらはそれぞれに独自な現象だが、その論じられ方にはある種の共通性がある。

これらのいずれにしても、ことの性質上、有無をいわせぬ証拠が残されることは少なく、犠牲者の規模の推定にはどうしてもある程度の不確定性が含まれる。それでも、長い時間をかけて各種資料を慎重に積み上げることによって、相対的に妥当性が高いと思われる推計値に——一定の幅の誤差を含む近似値として——到達することは不可能ではない。これは実証的歴史研究者の課題である。これに対し、当事者や代弁者は往々にしてそのような実証的歴史研究はまどろっこしいと感じ、感情的な誇張に走りやすい。そのため、ややもすれば、実証史学的観点からは支持できない大きな数字が挙げられ、それが独り歩きすることがよくある。これは感情的には理解できることだが、それをあたかも「絶対的真実」であるかのように言い張るのはかえって論争をこじらせやすい。それに、「インパクトを強めるために、むやみやたらと大きな数字を挙げておこう」と考えるとしたら、それは個人の命というものをあまりにも軽く見ることを意味する（スターリン時代ソ連の犠牲の規模に関して、ペレストロイカ期の議論をまとめたものとして、塩川伸明『終焉の中のソ連史』朝日新聞社、一九九三年、第Ⅵ章参照。その後も、*Europe-Asia Studies* 誌上その他で議論が続いている。またホロコーストについては、栗原優「最近のホロコースト研究」『歴史評論』一九九八年五月号参照）。

他方、そうした過大な数字を批判する実証史家およびその結論を援用する人たちが「大きな数字は嘘だ。もっと小さい」ということばかりを強調し、暗に「だから大した問題ではない」ということをほのめかすとしたら、それは逆の問題をはらむことになる。相対的に小さめの数字といえども、十二分なほどに悲惨さ・残虐さを物語っているのであって、「だから大した問題ではない」とか、「幻だった」などという結論が出てくるものではない。しかも、そのように説く論者は、往々にして自分が弁護しようとする体制の犯した犯罪は小規模に描く一方で、非難しようと思う体制の犯罪については根拠薄弱な過大な数字を振り回すという傾向がある。実際には、どの例にしても、当事者たちによって直観的に挙げられた数字は往々にして過大であり、相対的に小さめな数字の方が堅実な推定であることが多いが、「相対的に小さめ」ではあっても「幻だった」ということとは縁遠く、悲惨さ・残虐さの否定になるわけではない。

この種の事柄について冷静に考えるには、歴史的評価の問題と具体的な数字確定の問題とを切り離す必要があり、「残虐さを強調するためには、できるだけ大きめの数字を真実と信じ込まねばならない」とか、「比較的小さめの数字なら、あまり残虐でなかったことになり、免責される」といった発想法から解放される必要がある。しかし、当事者たちがまだ過去の記憶と現在の政治とを密着させている現状では、それは容易なことではない。

居直りと糾弾を超えて

歴史論争は往々にして堅実な歴史研究を離れた政治論となり、しかも他者に対する非合理的な怨念をぶつける——そしてそのことが、ぶつけられた側の硬直的反撥を招き、対立がいっそうエスカレートする——という形をとりやすい。大きな被害をこうむった側が相手方に対して怨念をぶつけるのは、それ自体としていえば正当なことだが、その呈示の仕方如何によっては、むしろ結果的に逆効果となることもありうる。中国や韓国の反日運動の一部に行き過ぎがあることが、かえって日本の右派ナショナリズムを利するという関係はその典型例である。近年のバルト三国やウクライナの対ロシア関係にも、それと似た側面がある。

とはいえ、渦中の人々の対応が常にそのようなものばかりと限るわけではない。それとは異なった印象を与える例をいくつか挙げてみたい。

まず、アルメニア系トルコ作家フラント・ディンク(二〇〇七年一月に暗殺された)の場合を取り上げてみよう。ディンクは「民族」としてはアルメニア人、「国民」としてはトルコに属するという二重アイデンティティの持ち主であり、二国間関係の改善を主張して、アルメニア語とトルコ語の二言語併用の新聞を出していた。彼は一九一五年のアルメニア人虐殺は実在したと主張したため、トルコ国家侮辱の罪で有罪判決を受けたが、他面では、言論の自由の観点から、フランスがアルメニア人虐殺否定を犯罪とする法律を制定しようとしていることにも反対していた。「私はトルコで民族虐殺があったと言ったために訴えられた。だが、私は虐殺はなかったと言う他人の権利も尊重する。フランスで法が施行されれば、私は「虐殺はなかった」と発言するかもしれない」(『朝日新聞』二〇〇七年一月二六日)。

イスラエルの学者でもあり政治家でもあるヤエル・タミールは、ホロコースト犠牲者の記念館が「過去の蛮行を現在の政治的な利得のために利用する仕方の一つ」だと指摘し、「受難の神聖視は、憎しみと不信を増幅し、それればかりか、紛争を永続化させるばかりの後向きの政治を生むことになる」と書いている(タミール『リベラルなナショナリズムとは』邦訳、一一二頁)。タミールの説く「リベラル・ナショナリズム」には理論の次元では疑問を差し挟む余地があるが、それはともかくとして、自らの国であるイスラエルの大多数の人がいだきがちな観念に対してあえて批判的言辞を提出している点は注目に値する。

ポーランドの有名な映画監督アンジェイ・ワイダは、最近、カチン事件(第二次大戦初期にソ連の捕虜となったポーランド軍人が多数処刑された事件)に関する映画を制作したが、その完成に際して、この映画が政治的思惑の道具として利用されることを恐れると発言し、全体主義的体制と自らその犠牲となった民族（ロシア人のこと）とは区別しなくてはならない、カチンの森ではポーランド人だけでなく、ロシア人、ウクライナ人、ユダヤ人、ヴォルガ・ドイツ人等々も大勢死んだ、などと語った（*Moskovskie novosti*, 2007, No. 37）。ポーランドは二〇〇五年以降、ロシアとのあいだで貿易戦争を続けており、それと関係してポーランド政府はロシアとEUの関係改善を阻止する政策をとっているが（二〇〇八年前半には一時的改善の兆しが見えたが、なお先行き不透明である）、そうした背景に照らすとき、ワイダはスターリン時代の惨劇を掘り起こすと同時に、現代ポーランドの一部に見られるロシア非難の行き過ぎに対しても歯止めをかけようとしているかに見える。

これらの発言は、それぞれに異なったものではあるが、あえて大ざっぱにいうなら、通常「被害者」として「加害者」を糾弾する立場にあるとみなされている集団の一員が、その糾弾が一面的になったり、独善的なものになったりすることへの警戒の念を表明し、寛容を呼びかけるという点で共通性がある。「被害者の示すべき度量と、加害者の身につけるべき慎みが出会うとき、はじめて和解は可能になるはずである」という朴裕河《バク・ユハ》の言葉（『和解のために』）もこれと響きあうものがある。

こうした発言は、威勢のいいナショナリスティックな主張に比べて目立ちにくく、孤立しがちである。この種の発言をする人は、その集団の中の強硬派からは「裏切り者」扱いされやすい。また、逆の側（「加害者」側）からは、「あいつらの中にも、われわれの味方をしてくれる人がいるじゃないか」という風に、自分勝手な正当化の根拠に利用されてしまうこともある（単純な「反日」一本槍ではない発言をする韓国人を、あたかも「親日」であるかのように受け取ろうとする日本ナショナリストなど）。

こういうわけで、この種の発言はなかなかきちんと受け止められにくく、こうした声をあげること自体が大きな勇気を要する。それでも、そうした発言をする人が皆無ではないという事実は、われわれをなにがしか励ましてくれるかもしれない。

第Ｖ章　難問としてのナショナリズム

1　評価の微妙さ

肯定論と否定論の揺れ

ナショナリズムはプラス・シンボルと捉えられることもあれば、マイナス・シンボルと捉えられることもあり、評価の開きが非常に大きい。ある時は「自決(自己決定)」「国民主権」「民主主義」「民族解放」等と結びつくものとして肯定的評価を受け、ある時は「排他的」「独善的」「狂信的」「好戦的」等々の語と結びつけて否定的に評価される。近年では、どちらかというと否定的評価の方が優勢だが、昔から一貫してそうだったわけではない。そこで先ず、そうした評価の揺れの経過を大まかに跡づけてみたい。

フランス革命から一九世紀を通じて、そして二〇世紀に入ってからも第一次世界大戦後の「民族自決」、第二次世界大戦後から一九六〇年代にかけての植民地独立といった時期においては、「国民国家」の形成およびナショナリズムを肯定的に評価する見解はごくありふれたものだった。もっとも、ナショナリズムがファシズムや領土拡張主義と結びついた事例もあり、それに対しては批判的な見方が優勢だったが、そうした「大国」のナショナリズムに対比される

「小国」――ないしこれから国家を獲得しようとしている民族――のナショナリズムや民族解放運動に対しては同情的な見方が多かった。ヴェトナム戦争期におけるヴェトナム民族運動が世界中の多くの人々の共感をかきたてたのはその代表例である。もう少し最近でも、たとえばソ連からの独立回復を目指すバルト三国の民族運動や、ソ連の覇権からの自立を求める東欧諸国のナショナリズムなどについて、「肯定的なナショナリズムのあらわれ」とする見解は、相当広い範囲に共有されていた。

このように比較的最近まで広く見られた肯定的評価が一挙に大きく後退した契機としては、一九九〇年代の旧ユーゴスラヴィア各地の内戦をはじめとして、世界各地で「非合理的な情念」とみなされる運動による暴力的衝突事件が頻発したことが大きい。体制移行諸国や発展途上国における暴力的紛争だけでなく、西欧諸国でも、移民排斥を唱える極右ナショナリズムの高まりなどが、良識ある人の眉をひそめさせるようになった。こうした中で、むしろ「ナショナリズムの克服」が多くの人によって唱えられるようになった。

日本をめぐる東アジアの状況についても同様のことがいえる。戦後日本でナショナリズムや愛国主義が一貫して否定的に見られてきたかのように説かれることがよくあるが、それは比較的最近の傾向を過去に投影したもので、歴史の実情に即していない。むしろ一九五〇年代までは、「革新」の立場からのナショナリズム論が今日では想像できないほど盛んであり、「愛国」

という言葉も「進歩的」陣営の旗印の一つだった(小熊英二『〈民主〉と〈愛国〉』)。これに対し、近年の状況はこれと大きく異なってきている。日本で「自虐史観批判」とか「戦後レジームの清算」を唱える右派ナショナリズムが高まる一方、これに見合うかのように、中国・韓国の「反日」運動が高まる――そして、それが日本の「嫌中」「嫌韓」感情をさらに刺激する――という悪循環状況が生じ、そうした中で、「ナショナリズム」というもの全般に対して懐疑的な見解が次第に広まってきた。

といっても、論壇全体がナショナリズム否定論一方で固まっているということではない。自ら誇らしく「ナショナリスト」を称する人も一部にはいる。また、排他的な右派ナショナリズムには批判的でも、「健全な愛国心」は肯定すべきものだと考えたり、偏狭でない「リベラルなナショナリズム」がありうると考える論者も少なくない。こういうわけで、ナショナリズムないしそれに類似する現象の評価は人によって大きく分かれており、論争的である。

「よいナショナリズム」と「悪いナショナリズム」の区別論

肯定的評価と否定的評価が入り乱れる中で、何らかの基準で「よいナショナリズム」と「悪いナショナリズム」を区別しようとする試みが、これまでも繰り返しなされてきた(「ナショナリズム」の語自体に否定的ニュアンスがつきまとっていると感じる論者は「よいナショナリズム」という表現を避け、何らかの別の用語を使おうとするが、それらも広い意味での「よいナショナリズム」論と見ることができるので、ここではそれらを一括しておく）。

ごく素朴なレヴェルでいえば、「弱小民族（被抑圧民族）」のナショナリズムは進歩的だが「大民族（抑圧民族）」のナショナリズムは反動的だという見方がしばしばなされる（その先駆は、いまでは忘れられているが、レーニンの民族論である）。これは分かりやすい議論であり、直観的にはそれなりの説得力をもっている。だが、「被抑圧民族」と「抑圧民族」をいつもうまく区別できるかというと、意外に難しい場合がある。ある時期まで「弱小民族（被抑圧民族）」とみなされていた民族が、自ら意識しないうちに、いつのまにか「大民族（抑圧民族）」に転化するという例は歴史上に数多い。近代日本もその典型だし、ユダヤ人とイスラエルについても同様のことがいえる。あるいはまた、旧ソ連で「弱小民族」とみなされてきたエストニア人やラトヴィア人が独立を獲得した後の在住ロシア人政策とか、旧ユーゴスラヴィアで「弱小民族」とみなされてきたコソヴォ・アルバニア人の域内セルビア人への態度などにも、同種の問題を見ることができる。中国についても、「列強により半植民地化され、従属させられてきた」という被害者的自己意識がある一方で、近年では、むしろその大国化が「脅威」として受けとめられる傾向がある。これ以外にも、多数の例を挙げることができよう。

時間とともに「弱者」が「強者」に転化することがあるだけではない。時間的推移とは別に――ある程度はそれと重なり合いつつ――、同じ主体が「強者」でもあり「弱者」でもあるという二面性をもっていることも稀ではない。ロシアに対して相対的「弱者」であるグルジアがアブハジアやオセチアに対しては相対的「強者」であり、「ミニ帝国主義」とも呼ばれるのは、その一例である。日本ではもっぱら「かわいそうな小国」とみなされがちなポーランドも、歴史的には周辺地域・民族に対して覇権を振るう大国だったし、その記憶はその後も消えていない。スリランカの多数派であるシンハラ人が少数派たるタミール人に対して排他的政策をとるのは、南インドという空間でいえばタミール人の方が多数派である――しかも、イギリス統治時代には間接統治の要としてタミール人が利用された――ため、シンハラ人側に「少数派」意識があることが一因となっている。

同時に「強者」でも「弱者」でもある集団が「自分たちは弱者だ」という自己意識に基づいて集団行動をとるとき、それは往々にして「過剰防衛」――他者の眼からみれば「過剰な攻撃」――になってしまう。このことは民族問題に限らず、より一般的に、「強者」と「弱者」、「加害者」と「犠牲者」の線引きの難しさという問題と重なり、アイデンティティ・ポリティクスの一般的な難問《アポリア》をなしている。

いま述べたのは、強者・弱者関係における重層的関係(「入れ子」あるいは「マトリョーシカ」構造)ないし逆転現象のことだが、もっといえば、そもそもエスニシティも民族も区切り方が一義的ではなく、どのような単位をひとまとまりと考えるべきか、「内」と「外」の境をどこに定めるかをめぐって争う余地がある。それでも、特定の区切り方が自明であるかに見える状況においては、そのように見えていること自体が相対的安定性の保証となる。しかし、まさしくその自明性が突き崩され、流動化すると、どのような単位でどのような自己主張をすべきかをめぐるヘゲモニー競争が不可避となる。このような状況を前にして、個々の勢力を「弱者」と「強者」に振り分けたり、一方を「進歩的」、他方を「反動的」と裁断したりすることは、「中立的な」認識ではなく、むしろ特定勢力への肩入れとなってしまう。

「リベラルなナショナリズム」という考え

「よいナショナリズム」と「悪いナショナリズム」を区別しようという試みの一つの代表例として、ナショナリズムをリベラルなものと非リベラルなものとに分けるという考えがある。「リベラルなナショナリズム」という考え自体は古くからあるものだが、近年の論者の中では、ヤエル・タミール（『リベラルなナショナリズムとは』）やデイヴィッド・ミラー（『ナショナリティについて』）が代表的である。これらの論者がリベラリズムとナショナリズム――ミラーの場合は「ナショナリティの原理」――の理論的統合にどこまで成功しているかには疑問の余地があり、折衷論ないしは願望の表明という性格が濃いのではないかという印象もあるが、ともかく興味深い一つの問題提起ではある。

カナダの理論家キムリッカは、古典的リベラリズムが民族や文化の問題を回避してきたことを批判し、いわゆるコミュニタリアニズム(共同体論)からの問題提起をリベラリズムの側から受けとめようとする試みを続けている。いわゆるシヴィック・ナショナリズム論(これについては次節で取り上げる)が文化的な共同性を視野から排除するのに対し、キムリッカは「薄い共同性」と「濃い共同性」を区別し、後者の重視は排他的で非リベラルなナショナリズムをもたらすが、前者に立脚するならリベラルなネイション・ビルディングが可能なはずだと論じる(Will Kymlicka and Magda Opalski (eds.), *Can Liberal Pluralism be Exported?*, Oxford University Press, 2001, pp. 18-19, 55-60)。これはシヴィック/エスニック二元論(後述)の代替案として提起されたものだが、「濃い共同性」はエスニック・ナショナリズムそのものだし、「薄い共同性」はシヴィック・ナショナリズムそのものではないまでもそれに近い性格をもつ以上、事実上はシヴィック/エスニック二元論と大差ないように思われる。

「ナショナリズム」という語自体に排他性の意味がこもっていると考える論者は、「愛国主義(パトリオティズム)」と「ナショナリズム」を区別し、前者は公共性や自由の観念と結びついているとすることで、前者にプラス、後者にマイナスの意義を付与することがある(言葉の使い分けについて、第I章第3節でも触れた)。ヴィローリの愛国主義論(『パトリオティズムとナショナリズム』）やハーバマスらの「憲法愛国主義」論（『遅ればせの革命』など）が有名であり、後者はシヴィック・ナショナリズム論とも重なる。

これらの議論はそれぞれに重要な問題を提起しているが、論者の想定する「よいナショナリズム」（あるいは「パトリオティズム」）と「悪いナショナリズム」は、現実には往々にして相互移行しがちだし、境界も流動的である。その意味では、万能の処方箋があるわけではない。同種の議論の中で特に影響力が大きく、広く受け入れられている「シヴィック・ナショナリズム」論については、節を改めて検討することにしよう。

2　シヴィック・ナショナリズム？

ナショナリズムの二分法

さまざまなナショナリズムの区別論のうち、特に影響力の大きいものとして、《シヴィック・ナショナリズムvsエスニック・ナショナリズム》という図式がある。文字通りこの表現をとらないまでも、ある程度共通性のある発想まで含めていうなら、この二分法図式は非常に多くのナショナリズム論に共有されているといえる。

この二分法的な議論の系譜は、古い起源をもっている。古典的には、ドイツの歴史家フリードリヒ・マイネッケの「国家国民」と「文化国民」の区別(『世界市民主義と国民国家』I、岩波書店、一九六八年、第一章)や、ハンス・コーンの「西のナショナリズム」と「西以外の世界のナショナリズム」(単純化していえば「東のナショナリズム」)の区別が有名である。コーンの大著『ナショナリズムの理念』(Hans Kohn, *The Idea of Nationalism*, 1944, リプリント版あり)は、「西のナショナリズム」は合理主義・啓蒙主義・リベラリズム・民主主義と結びついたのに対し、それ以外の地域でのナショナリズムはドイツを筆頭としてしばしば非合理主義・ロマン主義・排他性に傾いたと指摘した。コーンの記述は多岐にわたり、それほど機械的な図式化をしているわけではないが、結論が明快であるため、後の論者に大きな影響を及ぼした。これらの古典的作品の影響のもと、プラムナッツ、ゲルナー、スミス、グリーンフェルド、ブルーベイカー、イグナティエフ、樋口陽一らは、それぞれに若干の修正をもちこみつつ、大枠で「西のナショナリズム」=シヴィック・ナショナリズムと「東のナショナリズム」=エスニック・ナショナリズムという二元的図式を定式化した。

いま挙げた論者たちの議論は、細かくいうなら種々の差異があり、そう簡単には一括できない(また、必ずしも単純な二分法だけで満足しているとは限らず、大なり小なりそれを修正する補足を付け加えている場合も多い)。しかし、ここでは大づかみな理解が目的なので、あえて細部を無視して単純にまとめていうなら、次のような図式が多くの人によってとられているといってよいだろう。すなわち、ネイションの基礎にエスニックな共通性があるという考え(エスニック・ナショナリズム)が優位な国においては、一つのネイションの中のエスニックな異分子に対する排他的な政策や強引な同化政策がとられる。エスニックな一体性およびそのシンボルが価値をもつのは非合理的な情念に基づくから、そこでは合理主義や自由主義は排斥され、そうした国の政治は多様性や自由を尊重しない権威主義に傾き、自民族中心主義《エスノセントリズム》・排外主義などが優勢となりやすい。これに対し、ネイションはエスニックな共通性に基づくわけではないという考え(シヴィック・ナショナリズム)の強い国においては、ネイションへの帰属を承認するすべての人が、エスニシティに関わりなく同等の権利を認められる。そこでは、エスニックな多様性や個人の自由が尊重され、政治の基礎はもっぱら憲法体制の承認におかれる。こうして、前者は非合理主義・権威主義・排外主義などと結びつきやすく、後者は合理主義・自由主義・民主主義などと結びつきやすい、というわけである。

このような区分は直観的にある種の妥当性をもつかに見え、多くの人々に強い影響を及ぼしている。しかし、これが本当に現実をうまく映し出しているかと考えると、いくつかの疑問が出てくる。

「西」と「東」の区別への疑問

二分法に立つ多くの論者の共有する一般的イメージとして、「西」ではシヴィック・ナショナリズムが優勢で、それはエスニックな差異に寛容であり、偏狭さをもたないのに対し、「東」ではエスニック・ナショナリズムが優勢で、それはエスニックな差異を絶対視するために偏狭で排他的なものになりやすい、というものがある。しかし、このような見方はややもすれば「西」を理想化し、「東」を蔑視するオリエンタリズム的発想の一種となってしまう。確かに、「ネイション」ないしその同系語が各国語でどのようなニュアンスをもって使われているかについていうなら、英仏語ではエスニックな意味合いが相対的に薄く、独露では相対的にそのニュアンスが強い。この点は本書第I章で述べたとおりである。しかし、そこでも触れたように、このような言葉づかいの差異は、それぞれの国の「国民」観を直ちに規定するわけではない。「ナーツィヤ」の語が主にエスニックな意味で使われるロシア語でも、他の表現によってシヴィックな共同性を指すことができることは、そこで指摘したとおりである。

「東」と括られる諸国はそもそも均一ではないから、それらを一括して「東」と呼ぶこと自体が粗雑に過ぎることは、多少なりともこれらの地域のことを丁寧に考えようとすれば明らかである。また、多くの「東」の諸国は一九世紀末以降に西欧諸国の影響を強烈に受け、その模倣として「国民国家」化を目指す中でナショナリズムが台頭したので、それを「西」と無縁な

「遅れ」「野蛮」「逸脱」などと見るのは妥当でない。トルコにおけるクルド人に対する迫害は、シヴィック・ナショナリズムと共和主義の論理によって正当化されてきた。「宗教と民族に関わらないトルコ国民」という観念が、非トルコ系諸民族の民族的自己主張を否定する論理として機能したからである。旧ユーゴスラヴィアにおける内戦も、西欧型「国民国家」への強烈な憧れ、そして特に北部の共和国（スロヴェニアとクロアチア）が「自分たちだけは西欧の仲間入りすることができる」という発想をもったこと——さらにいえば、多くの西欧諸国が、こうした「ヨーロッパ的な」共和国を優先的に応援しようとしたこと——が大きな背景をなしている。このような事情を背景として引き起こされた惨劇を、「西」と無縁な「バルカン的野蛮」のあらわれとみなすのは適切でない。

他方、ネイションの語がシヴィックな意味で使われることの多い西欧でも、現実には、ネイション統合の基礎には言語・文化の均質性が前提されており、しかもそれは「自然に」形成されたのではなく、長期にわたる「上からの」政策を必要とした。最も典型的なシヴィック・ナショナリズムの国とされるフランスで、フランス語による言語的同化政策がフランス革命以後に強烈に推進されたのは周知のところである。イギリスにおけるスコットランドやウェールズの問題は、この国もある種のエスニック・ナショナリズムと無縁でないことを物語る。アメリカ合衆国は多数のエスニシティが分散居住する移民の国であるために、エスニシティのネイション化が抑止されやすい構造があるが、それでも英語による統合は長らく自明の前提とされてきた。ドイツやイタリアは国家統一に先立って「国民」の統一があったと常識的にいわれるが、実際にはその「国民」の中に地域的異質性があり、その統合は長期的な問題であり続けた。こういう事情を考慮するなら、「西では国民の均質性が高く、東では非均質性が大きい」という対比はやや誇張されているところがある。

このように書いたからといって、西欧諸国における「国民国家」形成と、後にそれを模倣しつつ「国民国家」化を進めた地域のナショナリズムのあいだに何の違いもないといおうとするのではない。相対的に早い時期に国民国家化した諸国では、その過程が長期にわたって進行したために、後から振り返ってみると、それがあたかも「自然な」過程だったかに見えるところがある(渦中ではかなり強引なことが行なわれたとしても、遠い過去となってしまえば、そのことは忘れ去られ、その痕跡も目立たなくなる)。そして、国民国家化がある程度以上の成功をおさめた後の地点に立つならば、その均質性・安定性は一種の既成事実とみなされるようになる。いったんそうなれば、国家の枠を不動の前提とした上で、その中でのさまざまな利害対立を民主的・合法的・平和的に調停することが相対的にできやすい。これに対し、より遅い時期に、先進国からの衝撃を受けつつ、その模倣を急速に進めることを迫られた地域では、国民国家形成に伴う矛盾がよりあらわとなり、尖鋭な紛争を伴うことが多い。このような違いが、

「西のナショナリズム」と「東のナショナリズム」といわれるものの背後にはある。

しかし、これはあくまでも相対的な差異に過ぎない。「西」の「先進国」でも「解決済み」だったはずのエスニック問題が新たな形で噴出することがあるし、「東」の「後進国」といえども、常にエスニック紛争が尖鋭化しているわけではない。国民国家化につきまとう紛争が具体的にどのような形をとり、どの局面で特に尖鋭化したり、相対的に穏健化するかは無数の歴史的要因によるのであって、西／東、シヴィック／エスニック、リベラル／非リベラルといった二分法で片づけるわけにはいかない。これ以上突っ込んだ議論は、具体的な歴史に即して考えるしかないが、本書第Ⅱ～Ⅳ章はそのための多様な素材を提供しているはずである。

普遍主義の陥穽

シヴィック・ナショナリズム論のもう一つの問題は、エスニシティに関わらない普遍性の論理を合理主義・自由主義などと等置し、エスニックな特殊性を非合理主義・権威主義などと結びつけるところにある。現実には、大半のナショナリズムは、一方で普遍性の論理をもちながら、他方で特殊主義的な色彩を帯びるという二面性をもっているのであって、その両面を単純に切り離すことはできない。ナショナリズムが特定のネイションを単位としたものである以上、当該民族の文化・伝統のような特殊で固有のもの（個別主義的《パティキュラリスティック》なもの）に依拠し、それと結びつきやすいのは当然だが、それは普遍性の論理と対立するものではなく、むしろ両者の結合として現われることが多い。

第Ⅱ章の第1節や第3節で述べたように、「わが国こそ普遍的価値の担い手だ」という意識があるなら、それは普遍性の論理を掲げつつ、「その価値の卓越した、あるいは先駆的担い手が自分たちだ」という形でナショナリズムを正当化することができる。「自由・平等・友愛」を掲げるフランス、「アメリカ的自由」を掲げるアメリカ合衆国、そしてかつて「社会主義インターナショナリズム」を掲げたソ連は、いずれも抽象的・普遍的理念を国民統合の核とするナショナリズム——これらの国では「ナショナリズム」という言葉自体は避けられることが多いが——の代表例である。

革命によって新しい国家体制を発足させたこれらの国では、普遍主義的な理念と国家体制神話の関係があらわになっているが、それ以外の国々のナショナリズムにしても、単純に特殊性のみに依拠するわけではない。一九世紀のドイツ・ロシア・日本のような「中進国」は、より「先進的」とみなされる西欧に対しては自らの文化の固有性を対置する一方、より「後進的」とみなされる地域に対しては、自らを「普遍的文明伝播の仲介者」と位置づけて、影響力を行使しようとした。これらのナショナリズムには、「固有性」と「普遍性」の双方の要素のアマルガム(合成物)が特徴的である。

より一般的に考えても、ナショナリズムは自分たちの誇りとか優越性を強調しようとするが、「誇り」「優越性」という観念が成り立つためには、潜在的に普遍的な物差しがあって、その物差しの上で自民族が他者よりも上位に位置するという考え方が前提される。そうである以上、物差しに関する普遍主義と自民族を上位とする特殊主義とが並存するのは不思議なことではない。あからさまに特殊主義的な価値主張（エスニック・ナショナリズム）だけが非理性的・不寛容で、普遍主義的価値を称揚すればシヴィック・ナショナリズムになり、自由と寛容を可能にするという想定は、一種の思いこみに過ぎない。

シヴィック・ナショナリズム／エスニック・ナショナリズム二分論の最大の問題は、前者を「よいナショナリズム」、後者を「悪いナショナリズム」と単純に振り分けてしまうことと関係する。このような二分法に立つと、前者に分類されたもの（「西」の国々）にも危険な要素があることを見落とし、また後者に分類されたもの（「東」の国々）を宿命的に劣ったものと決めつけることになりやすい。現実には、どのようなナショナリズムにも、危険な要素もあれば、それほど危険でない要素もある。とすれば、それらを単純に二分してしまうのではなく、どのような場合に、どのような条件によって危険な要素が強まりやすいのか、逆にどのような条件下ではそれが防がれるのか、を考える必要があるだろう。

3　ナショナリズムを飼いならせるか

「自分たち」意識から暴力的対立まで

これまで見てきたように、ナショナリズムは、常にとはいえないまでもしばしば各種の紛争のもととなりがちであり、そのことがこの主題について考える際の「トゲ」のようなものであり続けた。そこで、本書の最後に、やや抽象論になるが、ナショナリズムと紛争の関係について多少一般的に考えてみたい。

抽象的にいえば、何らかの集団――その集団をどのように定義し、そこに含まれる「自分たち」と「他者」とをどのように分けるかは多様だが――への帰属感情というものは、「仲間」「身内」の親近感や結束を高めるものである以上、控えめにいっても「他者」とのあいだに一定の「区別」意識をもたらすのは避けがたい。そして、その「区別」意識がさらに「差別」ないし排除へと転化するのは――必然とまでいえるかは議論の余地があるにしても――ありがちなことである。他面、人間というものが周囲の人々から切り離された純粋の個人とか抽象的な「普遍的人間」一般として生きることができない以上、集団帰属感情というものを全面的に否定することもできない。では、どうしたらよいのか。

一口に対立とか紛争といっても、比較的ささやかで無邪気なレヴェルのものから、極度に強烈で大規模な暴力を伴うものまである。とすれば、素朴に考えるなら、前者は否定するに及ばないが、後者は否定すべきだということになりそうである。もっとも、最初は比較的小規模だった紛争がいつのまにか大規模なものに転化してしまうことがある以上、これらの差異は連続的であり、どこかに明確な一線が引けるとは限らない。

各地の民族紛争についてよく指摘されるのは、ある時期まで平和的・友好的に共存していた諸民族・エスニシティが、あるとき突然激しい対立に陥ったということである。もっとも、細かく見るなら、友好的共存が支配的だった時期においても個別的な対立・紛争などはあっただろうが、それは比較的低いレヴェルにとどまっていたのが、いくつかの条件の重なりの中で、驚くほど激しいレヴェルにまで高まったということだろう。問題なのは、あるときまで潜在的だったり、穏和だったりした紛争が顕在化し、次第にエスカレートし、ついには大規模な暴力に至るメカニズムはどのようなものか、それを予防するにはどうしたらよいのかという点にある。

連帯感情の動員

「身内」と「他者」の区別は、それだけで紛争をもたらすとは限らないが、資源の稀少性——経済的富であれ、政治権力であれ、社会的名誉感情その他であれ——と結びつくとき、紛争に導きやすい。もっとも、稀少性という事実自体は至る所にあるもので、そのすべてが深刻な性格を帯びるわけではないが、ある局面でそれが特に強まる——あるいは、強まるだろうと予期される——とき、稀少資源をめぐる紛争が激化する。そうした紛争の中で、「われわれ集団」の連帯意識が利用され、紛争が「われわれ」対「彼ら」という形をとるなら、そのことによって集団間の対抗感情が強められる。また、ある集団内の個人がそれまではそれほど強い一体感をもっていなかったとしても、紛争の過程で「身内」としての一体感を強めることになる。

この場合、紛争に動員される連帯感情がどういう性格のものであるかは多種多様であり、特定のタイプの「身内」意識が特に紛争を激化させるということが、あらかじめ決まっているわけではない。しかし、ともかく何らかの「身内」意識・親近感・連帯感情がある程度存在し、それが紛争の過程で利用されることによって、よりいっそう強烈なものへと煽り立てられていく。こう考えるなら、事前にあったそうした感情は、それ自体として紛争の決定要因であるわけではないが、いったん動員され、煽り立てられると、一種の自己運動を起こし、収拾が非常に困難になる。問題は、そのような感情の動員と紛争のエスカレートがどのようにして起きるかにある。

どういう条件下で紛争が起き、また拡大するかについては、これまでに種々の研究が積み重ねられているが、何らかの明快な法則性のようなものが打ち立てられているようには見えない。経済的要因を強調するもの、文化的差異を重視するもの、またエリート重視の理論と大衆心理重視の理論などがあるが、どれも全面的な説明にはなっていない。エスニック紛争研究で有名なホロヴィッツは、既存のさまざまな理論の一面性を批判した上で、アジア・アフリカ・カリブ諸国の研究から、ある国の中の後進的な地域、またそこにおける後進的な集団ほど分離運動に走りやすいと結論した(Donald L. Horowitz, *Ethnic Groups in Conflict*, University of California Press, 1985)。この研究は既存の議論の限界の指摘では鋭く、またある一定範囲では妥当な観察であるかにみえる。しかし、旧ソ連・旧ユーゴスラヴィアの解体過程で起きた一連の紛争の場合、ホロヴィッツの定式はまったく当てはまらず、むしろ逆の傾向さえ観察される(相対的に富裕な地域ほど分離運動が強かった。もっとも、一旦起きた紛争の強度はこれと対応しない)。一般理論構築の困難性を改めて痛感させられる。

「誰が不寛容か」確定の難しさ

暴力的な衝突およびそのエスカレートを避けるためには、何が必要だろうか。この点に関して、「寛容」「開放性」「相互理解」等の精神が重要だということは古くから言い尽くされてきた。これらの言葉は紛争のエスカレートを防ぐ理性的な態度を象徴するとされ、「不寛容」「閉鎖的」「排他的」等の言葉は、逆に紛争エスカレートに通じる危険な態度だとされる。

そのこと自体は一般論的にいえばそのとおりであり、とりたてて異を唱えるべきことではない。だが、具体的な個々のケースにおいて、どの勢力が「寛容」で、どの勢力が「不寛容」かを判定するのは、容易とは限らない。国際社会の眼を意識する当事者たちは、しばしば自分たちの方が寛容だということを言葉の上で強調し、相手方が排他的・侵略的態度をとっているためにやむを得ず防衛措置に追い込まれたのだと説明する。現代社会において露骨に「領土拡張」「余所者排斥」「民族浄化」等々を自ら掲げる政治勢力は稀であり、これらの言葉はむしろ外から貼られた政治的レッテルとして機能することが多い。そして、「不寛容で排外的な敵」による攻撃から自らを守るためという意識に基づいた行動——主観的には対抗的・防衛的措置だが、相手方から見れば一方的攻勢と受け取られる——が紛争を悪循環的にエスカレートさせることが珍しくない。

こういう状況を前にしたとき、外部の観察者がどのような判定を下し、どのように介入するかも微妙な問題となる。「あの勢力は寛容で開放的な態度をとっている」「あの勢力は不寛容で排他的な態度をとっている」という評価は、往々にして安易なレッテル貼り——前者を善玉、後者を悪玉とする一方的な決めつけ——と化すことがあり、それは現実の紛争解決に役立たないばかりか、一方の側への偏った応援にしかならない。一つの例として、一九八〇年代以降長期にわたって続いているアルメニア＝アゼルバイジャン紛争に関し、現代欧米の知性を代表する大知識人たち――ハーバマス、デリダ、レヴィナス、バーリン、ローティその他多数――が一九九〇年に出した共同声明は、その意図にかかわらず、アゼルバイジャンのみを一方的な「悪玉」とすることで、かえって紛争の激化に貢献する効果しかもたなかった（塩川伸明『《20世紀史》を考える』勁草書房、二〇〇四年、六五～六七頁参照）。こうした事例は、紛争への関与がいかに難しいものであるかを痛感させる。いわゆる「人道的介入」をめぐる一連の議論も、これと同種の問題に関わっている。

軍事紛争化と「合理的選択」

紛争をエスカレートさせるのは非合理的な情念か経済的利益その他の打算か、また大衆心理と政治エリートの戦略のどちらが重要な役割を演じるのか、といった問題をめぐっては無数の議論がある。概していって、大衆心理の役割を重視する論者は非合理的な情念を重視することが多く、憎悪が大衆心理に根ざしている以上、紛争の解決は難しいというペシミズムに傾きやすい。これに対して、政治エリート重視の発想は合理的打算重視につながりやすく、紛争を引き起こした政治エリートを除去するか、彼らの行動様式を変えれば紛争を解決することができるといった実践的処方箋に結びつきやすい。もっとも、大衆といえども常に情念のみで動くわけではなく、合理的打算を知らないことはありえないし、政治エリートも常に合理的な計算に基づいて動くとは限らないから、いま述べた組み合わせはあくまでも大ざっぱな傾向に過ぎない。現実には、この二通りの考えのどちらかが全面的に正しいということではなく、無数の要素の組み合わせが紛争をエスカレートさせたり、それを食い止めたりするだろうから、個別の事例に即した具体的な検討が不可欠である。この難問に遺漏ない回答を与えることなどできるはずもないが、ともかくいくつかの方向性を探ってみたい。

これまで述べてきたのは紛争というものの一般論だが、そうした議論においては対象があまりにも幅広いため、個々の具体的状況の差異が大きく、図式的な一般論には意味がないとしかいいようがない。しかし、問題をもう少し限定して、民族・エスニシティを要因とする紛争が小競り合いの域を超えて本格的な軍事的衝突にまで至る状況について考えるなら、そこでは政政治エリートの判断が相対的に大きな役割を果たすことが多いといってよいだろう。もちろん、大衆レヴェルでの憎悪や対抗感情が暴力沙汰を引き起こすこともあるが、それだけであれば突発的な衝突事件の域を出ない。本格的な軍事的衝突は、主権国家の正規軍によるにせよ、「主権国家」たらんとする勢力の非合法武装部隊によるにせよ、高度の武装、資金力、兵士動員力などを必要とする以上、大衆の情動だけでそれが実現するはずはない。では、政治エリートはどういう条件下で、本格的な軍事力行使に踏み切るのだろうか。

政治家といえども常に合理的打算だけで動くわけではなく、情動の虜となることも珍しくないが、それにしても、相対的には打算の要素が大きいだろう。特に軍人は、常にとはいえないまでも多くの場合、一種独自の「軍事的リアリズム」をもっていて、その観点から不利であることが明白な戦争については避けるのが当然である。いずれにせよ、打算を重視するなら、どのような戦術をとるのが有利かという「合理的選択」が問題となる。そして、「軍事的攻勢をかけるかもしれないぞ」という脅しの利用は「合理的な」選択たりうるが、現実に軍事力行使に踏み切るのが「合理的」であることはむしろ稀である。

軍事的攻勢を仕掛けることは、現代国際政治の条件下では、多くの場合、「合理的選択」ではない。そもそも自分たちが完勝するという確固たる展望があるなどということは滅多にない（そういう展望を、間違った予測にもせよ、一応もつことができるのは米軍くらいのものだろう）。完勝以外のどのような結果になるにしても、そこで払う犠牲は非常に大きい。その上、現代世界においては、軍事力行使は特別の説明がない限り国際的に認められず、国際的孤立をもたらしやすい（ここでも、そうした「特別の説明」を——どこまで説得的かは別として——押し通す力をもっているのはアメリカだけである）。とすれば、軍事的攻勢を仕掛けることは、たとえ軍事面で勝った場合でさえも、望ましい結果を保証してはくれない。ナゴルノ＝カラバフの周辺地域を軍事力で制圧したアルメニア人勢力は、まさにそのことによって国際社会から非難され、孤立するようになったが、これなどは軍事的勝利が政治的には大きなマイナスとなった典型例である。

軍事的攻勢を仕掛けることが「合理的選択」でないことが明白であるなら、たとえ民族的対抗関係がある程度高まりつつあるとしても、それが一挙に本格的な軍事衝突にまで転化する蓋然性はそれほど高くはない。冷戦終焉期に各地でエスニック紛争の連鎖が広がるかに見えながら、実際には危惧されたほど大規模には軍事紛争が続発しなかったのは、ある程度こうした事情から説明される。

にもかかわらず、特定の場合に激しい軍事紛争が発生したのはどういう事情によるだろうか。ここでは、エスニックな対立それ自体ではなく、それが歯止めなくエスカレートするための特別の条件を考える必要がある。この点で何よりも大きいのは、既存の国家秩序が大きく動揺し、何が合法であり何が非合法かの基準さえも不明確化するという状況の出現である。ソ連およびユーゴスラヴィアの最末期には、ただ単に既存の秩序が行き詰まっただけでなく、それを一方的に変更し、国有企業の財産や軍の武器などを一方的に奪取することが許されるという信念が広範囲に広まった。そういう状況では、当初「非合法武装部隊」として登場した勢力があたかも正規の国軍と同レヴェルの存在であるかのように振る舞うことが可能になり、武器の横流しや密輸入なども一挙に拡大した。

その上、近い将来に国家の解体が生じることが予期され、しかも新たにつくられる国家の領域は不確定だという状況が生じるなら、軍事的に特定領域を制圧してその領域を新国家の基礎とする行動が「先手必勝」という意味で「合理的」と判断されるようになる。こうして――全社会的にみれば、犠牲があまりにも大きいという意味で非合理的なことだが――個別の勢力にしてみれば、軍事攻勢の先手をとることが「合理的選択」だという状況が生まれた。これはボスニア＝ヘルツェゴヴィナで典型的に生じた状況である。旧ソ連の場合、元の連邦構成共和国間の境界はそのまま固定するということが、多少の留保はありながらも大まかには合意されていたおかげで、領域をめぐる「陣取り合戦」は基本的に起きなかったが、連邦構成共和国よりも下位のレヴェルで紛争が起きた場合には、同様の論理で軍事紛争となる例が珍しくなかった（南オセチアもその一例である）。

こうして、通常ならば「合理的選択」でない軍事攻勢が、特定の条件下では「合理的」なものとして選択されるということが起きる。いったん軍事紛争が始まると、仕掛けられた側の報復が不可避となり、それはさらなる反作用を生むから、相互の悪感情と暴力的抗争エスカレートの悪循環が発生する。ひとたびそういう状況が発生した後にそれを鎮静化するのは、不可能とまではいえないにしても、非常に長い時間がかかり、それまでに生じる犠牲の規模はあまりにも大きい。

「魔法使いの弟子」になる前に

いま述べたのは軍事紛争の場合だが、より広く民族・エスニシティに関わる紛争について考える場合にも、一定の示唆を与える。民族的差異というものは、繰り返し述べてきたように、固定的なものでもなければ、必ず激しい敵対感情をもたらすと決まっているわけでもない。しかし、何らかの紛争のために民族感情が動員され、敵対感情がある程度以上煽り立てられた場合、その収拾はきわめて難しいものとなる。当初、民族感情を動員しようとした人たちは、限定的な狙いをもってそれを利用しようとしたのかもしれないし、泥沼の紛争継続まで予期していたわけではないだろうが、結果としては、「はじめに」でも述べた「魔法使いの弟子」と化してしまいやすい。いったんそうなるなら、その後に引き返すことは非常に困難である。

とすれば、抗争が起こりかける直前の段階――もしくは、小規模な抗争が起きても、まだ決定的にエスカレートしてはいない段階――で、対立感情を煽り立てるか、それとも適時に歯止めをかけるかが、非常に重要な意味をもつ。ナショナリスティックな感情そのものを一般的に否定するには及ばないとしても、それが他者への攻撃の形をとろうとするときには、その悪循環的拡大を防ぐための初期対応が何よりも必要だと思われる。

あとがき

自分の専門とするフィールドを超えて「民族・エスニシティ問題一般」のようなことについて考えてみようと思うに至ったのは、もはや記憶がおぼろげになっているが、いまから十数年前にさかのぼる。といっても、個別事例への執着を捨てようと考えたわけではまったくない。「民族・エスニシティ問題」とはとりわけ個別性の要素の濃い問題領域であって、具体的な個別事例に徹底してこだわることなくして本格的解明はあり得ない。とはいえ、個別研究を進める中で、他の事例との比較とか、それらとの関連性とかが気になることもよくある。ある地域独自の現象と思っていたことが、意外に遠くの地域でも類似の例があることに気づくこともあるし、類似ないし共通性を意識していた事例をやや立ち入って比較してみると、むしろその相違点に印象づけられることもある。そうした経験を積み重ねているうちに、いつしか広い視野での比較論とか一般論とかに関心が引かれる機会が増えてきた。

民族問題のように個別性の強いテーマについて研究する場合、先に一般理論を練り上げて、それを個々の事例に適用するという行き方は、現実離れした図式の強引な適用になりやすく、あまり有意義でない。しかし、現実を「説明」してしまうというのではなく、問題を発見するためのきっかけとか、個別研究を積み重ねた上での中範囲の理論化という点では、やはり一般理論的研究にはそれなりの意義がある。そこで、抽象的一般論を自己目的的に展開するのではなく、むしろ具体的個別研究の中から育ち、また個別研究のさらなる進展を刺激するようなものとして理論的研究を進めることが必要ではないか——このような問題意識をここ十数年、私は秘かにはぐくみ続けてきた。

こうして、個別専門研究のかたわら、民族・エスニシティ・ナショナリズムなどに関する一般的な理論書とか、自分が専門としない地域についての研究書とかを折りに触れて参照する作業を続けてきたが、それらについて自分自身の見解をまとめて発表するという気にはなかなかなれなかった。何といっても、そうした領域について私は素人でしかなく、とうてい自信をもって発言することはできない(もっとも、実をいえば、「専門」に関わる事項についても、どれほどの自信をもつことができるのかという疑念もあるが、これは別問題である)。そういうわけで、「民族・エスニシティ問題一般」についての勉強の成果は、専門研究の「隠し味」的に利用する——これはこの間に私が発表したいくつかの著作に、それとなくにじみ出ているはずである——か、あるいはせいぜい学生相手の肩のこらないお喋りの中で展開するにとどめる、というのが私がここ十数年来とってきた態度だった。

それを思い切って一冊の本で正面から論じてみることにしたのは、自分の考えに十分な自信ができたからというわけではない。ひょっとしたら非常に幼稚なことを書いたり、あるいはとんでもない間違いを犯したりしているのではないかという不安は、本書執筆中に私の頭に常にあったし、今でもある。それでもあえて本書を執筆・刊行することにしたのは、いくら不十分ではあっても、十数年間にわたって続けてきた模索にとりあえずの形を与え、読者の批判を仰ぐことで、さらなる探求のステップにしてみてはどうだろうかという思いからである。歳とともに新鮮な領域の開拓が困難になるのは人の常だが、自分の年齢を考えて、本当に老け込んでしまう前にもう一度くらいは跳躍を試みてみたいという気持ちも、それを後押しした。

こうしたわけで、本書では、身の程もわきまえず非常に広い範囲の対象を取り上げて、比較の観点や理論的考察をまじえた叙述をしてみた。とはいえ、私がそれらの対象について満遍ない知識をもっているわけではもちろんない。私自身に最も近しい、いわば「ホームグラウンド」は、ロシア・旧ソ連諸国である。ベネディクト・アンダーソンはインドネシアをはじめとする東南アジア諸国、エリック・ホブズボームはヨーロッパをそれぞれ「本拠地」としているし、一九七〇年代以降急速に盛んになったエスニシティ論の多くは北米の事例を主に念頭においている。このように、さまざまな「民族・エスニシティ論」はそれぞれに何らかの「本拠地」をもち、そのことに由来する個性をもっている。だとしたら、ロシア・旧ソ連諸国を本拠地とする者がこうした一般論を書くことにもなにがしかの意義があるのではないか、というのが本書を書くに当たっての秘かな期待である。

ロシア・旧ソ連諸国を民族問題研究のフィールドとして取り上げることには、幾通りかの意義がある。この地域には非常に多くの民族・エスニシティがおり、それらの相互関係にせよ、政権による政策の展開や民衆運動のあり方にせよ、きわめて多彩な歴史を織りなしてきた。「社会主義」という特異な体制の経験およびそこからの離脱過程もまた、この地域の歴史に独自の意味を付与している。それでいながら、「ソ連解体によって決着済み」という漠然たる感覚に基づき、かつてのソ連公式見解を単純に転倒するだけで満足するという安易な風潮が広まり、正面から取り組む作業が怠られがちであること、その結果として、多くの日本人にとってこの地域が一種の知的空白をなしているという事情も、付け加えておくべきだろう。この地域の多様な事例と世界の他の地域の状況とをきちんと比較する議論がこれまで意外なほど乏しかったという事実も、反省点として挙げておかなくてはならない。

こうした事情を踏まえるなら、ロシア・旧ソ連地域を主たるフィールドとする者が、そのような「本拠地」からより広い世界に打って出て、比較論的な考察を試みることには大きな意義があるといえる。しかし、そのためには、自分の「ホームグラウンド」以外のさまざまな地域の例について、それなりの見識を深めることが必要となる。本書の準備過程では、それらの地域についてできるだけ広く学ぶべく努めた。もちろん、一人の著者が書く薄い本の中で取り上げられる事例には限りがあり、アフリカ諸国をはじめ、手が及ばなかった地域も多いが、一応は世界各地の多数の事例に触れることで、問題の広がりと多様性を示すよう努めた。それらの地域に関する私の知識はかなり偏った皮相なものであり、多くの先人の業績や知人たちからの「耳学問」の機会なしには、この程度の本を書くこともできなかった。それらの人の数はあまりにも多く、到底列挙することはできない。非礼ではあるが、数多くの先学――年齢的には私よりも若く、新鮮な研究で私を刺激してくれている人たちを多数含む――に、まとめて深甚な謝意を表するにとどめさせていただきたい。

こういうわけで、本書は私にとってかなり思い切った冒険の書である。これまでも種々の事情から、通常の意味での専門研究の枠をはみ出す本を書く機会が何度かあったが、本書はそれらとは違う意味で、やはり冒険的試みの産物である。もちろん、新書という書物の性格を意識して、できるだけ広い範囲の読者に読んでいただけるような分かりやすさを心がけた。ただ、その際、「分かりやすさ」とは、水準を落とすとか、「専門家にとってのありふれた常識を、嚙み砕いて非専門家に教える」ということと同義ではないのではないか、という思いが常にあった。むしろ、著者自身にとって未知の領域への挑戦の作業を、読者とともに模索していこうと呼びかけつつ、その模索の過程をできるだけ分かりやすく提示しようと努めたつもりである。その狙いがどこまで達成されたかは、もちろん読者の判断に委ねるほかない。

あまりにも多岐にわたる事項を取り上げたため、叙述が穴だらけであることは私自身が痛感している。取り上げたあれこれの事項について、それぞれの分野の専門家は容易にその欠点や誤りを指摘することができよう。こうやって一書を公けにしたからには、批判は覚悟しなくてはならないが、できることなら、以上のような狙いを踏まえた建設的な提言をいただきたいと切望している。

岩波書店の小田野耕明氏から新書執筆のお誘いをいただいたのがいつのことか、もはや記憶が曖昧になっているが、自由に構想を練ってよいという寛大な言葉に甘えて、かなり長いこと放置したままにしてしまった。一応の方向性らしきものが固まってからも、相当の時間が経つ。小田野氏はその間、粘り強く待ってくださっただけでなく、最終段階では、ややもすれば生硬になりがちな私の文章に対して「読者代表」としての注文を出して改善に貢献してくださった上、魅力的な——ではないかと思う——タイトルも考案してくださった。厚くお礼申し上げたい。

二〇〇八年九月

塩川伸明

岩波新書新赤版一〇〇〇点に際して

ひとつの時代が終わったと言われて久しい。だが、その先にいかなる時代を展望するのか、私たちはその輪郭すら描きえていない。二〇世紀から持ち越した課題の多くは、未だ解決の緒を見つけることのできないままであり、二一世紀が新たに招きよせた問題も少なくない。グローバル資本主義の浸透、憎悪の連鎖、暴力の応酬——世界は混沌として深い不安の只中にある。

現代社会においては変化が常態となり、速さと新しさに絶対的な価値が与えられた。消費社会の深化と情報技術の革命は、種々の境界を無くし、人々の生活やコミュニケーションの様式を根底から変容させてきた。ライフスタイルは多様化し、一面では個人の生き方をそれぞれが選びとる時代が始まっている。同時に、新たな格差が生まれ、様々な次元での亀裂や分断が深まっている。社会や歴史に対する意識が揺らぎ、普遍的な理念に対する根本的な懐疑や、現実を変えることへの無力感がひそかに根を張りつつある。そして生きることに誰もが困難を覚える時代が到来している。

しかし、日常生活のそれぞれの場で、自由と民主主義を獲得し実践することを通じて、私たち自身がそうした閉塞を乗り超え、希望の時代の幕開けを告げてゆくことは不可能ではあるまい。そのために、いま求められていること——それは、個と個の間で開かれた対話を積み重ねながら、人間らしく生きることの条件について一人ひとりが粘り強く思考することではないか。その営みの糧となるものが、教養に外ならないと私たちは考える。歴史とは何か、よく生きるとはいかなることか、世界そして人間はどこへ向かうべきなのか——こうした根源的な問いとの格闘が、文化と知の厚みを作り出し、個人と社会を支える基盤としての教養となった。まさにそのような教養への道案内こそ、岩波新書が創刊以来、追求してきたことである。

岩波新書は、日中戦争下の一九三八年一一月に赤版として創刊された。創刊の辞は、道義の精神に則らない日本の行動を憂慮し、批判的精神と良心的行動の欠如を戒めつつ、現代人の現代的教養を刊行の目的とする、と謳っている。以後、青版、黄版、新赤版と装いを改めながら、合計二五〇〇点余りを世に問うてきた。そして、いままた新赤版が一〇〇〇点を迎えたのを機に、人間の理性と良心への信頼を再確認し、それに裏打ちされた文化を培っていく決意を込めて、新しい装丁のもとに再出発したいと思う。一冊一冊から吹き出す新風が一人でも多くの読者の許に届くこと、そして希望ある時代への想像力を豊かにかき立てることを切に願う。

（二〇〇六年四月）

塩川伸明

1948年生まれ
1979年 東京大学大学院社会学研究科(国際関係論)
博士課程単位取得退学
現在 — 東京大学名誉教授
専攻 — ロシア現代史・比較政治論
著書 — 『多民族国家ソ連の興亡』(全3巻)『現代史の起点 ソ連終焉への道』(以上，岩波書店)『ソヴェト社会政策史研究』『国家の解体』(全3巻)(以上，東京大学出版会)『終焉の中のソ連史』(朝日新聞社)『社会主義とは何だったか』『ソ連とは何だったか』『現存した社会主義』『《20世紀史》を考える』『冷戦終焉20年』(以上，勁草書房)『民族浄化・人道的介入・新しい冷戦』『歴史の中のロシア革命とソ連』(以上，有志舎)『ナショナリズムの受け止め方』(三元社) ほか

民族とネイション
—ナショナリズムという難問　　岩波新書(新赤版)1156

2008年11月20日　第1刷発行
2025年6月5日　第20刷発行

著 者　塩川伸明《しおかわのぶあき》

発行者　坂本政謙

発行所　株式会社 岩波書店
〒101-8002 東京都千代田区一ツ橋 2-5-5
案内 03-5210-4000　営業部 03-5210-4111
https://www.iwanami.co.jp/

新書編集部 03-5210-4054
https://www.iwanami.co.jp/sin/

印刷・三陽社　カバー・半七印刷　製本・中永製本

ISBN 978-4-00-431156-0　　Printed in Japan

読書案内

本書の内容に関連する文献は，とりあえず日本語で読める単行本に限るとしても，文字通り汗牛充棟であり，網羅的列挙が不可能なのはもとより，「これが最も代表的だ」「これが最も有用だ」という著作を選りすぐることも至難である．また，通常であれば，私が本書執筆に当たって参考にしたり，恩恵をこうむったりした文献を列挙すべきところだが，本書のように大風呂敷を広げた著作の場合，それに該当する書物の数もあまりにも多く，網羅的に挙げることはできない．以下に掲げるのは，あくまでも一応の例示である．本書の主題に関心をいだいた読者は，この読書案内を手がかりに，さらに広く文献を探索してほしい．

文献の数が多く，主題も多様であることから，一応いくつかの項目に分類してみたが，この分類の枠にうまく収まらない文献も多い．リストの後半には地域ないし国ごとの各論に関わるものを収めたが，地域の区切り方というものそれ自体が一義的ではなく，流動的であり，しばしば論争的である．地域の枠を越えた著作も多い．従って，ここでの分類は，あくまでも便宜的かつ暫定的なものである．

なお，文献名の末尾に〔HP〕とあるのは，私のホームページ上にその文献についての読書ノートを載せてあることを示す．

URL　http://www7b.biglobe.ne.jp/~shiokawa/books/index.htm

【民族・エスニシティ・ナショナリズムの一般論】

綾部恒雄『現代世界とエスニシティ』弘文堂，1993年

B. アンダーソン『増補 想像の共同体――ナショナリズムの起源と流行』NTT出版，1997年

『岩波講座 現代社会学』第24巻(民族・国家・エスニシティ)，岩波書店，1996年

梅森直之編『ベネディクト・アンダーソン，グローバリゼーションを語る』光文社新書，2007年

T. H. エリクセン『エスニシティとナショナリズム――人類学的視点から』明石書店，2006年

大澤真幸編『ナショナリズム論の名著50』平凡社，2002年
C.ギアーツ『文化の解釈学』I・II，岩波書店，1987年
E.ゲルナー『民族とナショナリズム』岩波書店，2000年
小坂井敏晶『民族という虚構』東京大学出版会，2002年
杉島敬志編『人類学的実践の再構築――ポストコロニアル転回以後』世界思想社，2001年〔HP〕
A.スミス『二〇世紀のナショナリズム』法律文化社，1995年
同 『ナショナリズムの生命力』晶文社，1998年
同 『ネイションとエスニシティ』名古屋大学出版会，1999年
関根政美『エスニシティの政治社会学――民族紛争の制度化のために』名古屋大学出版会，1994年
K.ドイッチュ『ナショナリズムとその将来』勁草書房，1975年
E.ホブズボーム『ナショナリズムの歴史と現在』大月書店，2001年
E.ホブズボウム，T.レンジャー編『創られた伝統』紀伊國屋書店，1992年
歴史学研究会編『国民国家を問う』青木書店，1994年

【政治思想ないし理論】

相田愼一『言語としての民族――カウツキーと民族問題』御茶の水書房，2002年
井上達夫『普遍の再生』岩波書店，2003年
『岩波講座 憲法』第3巻(ネーションと市民)，岩波書店，2007年
M.ヴィローリ『パトリオティズムとナショナリズム――自由を守る祖国愛』日本経済評論社，2007年
上野千鶴子『ナショナリズムとジェンダー』青土社，1998年
大澤真幸『ナショナリズムの由来』講談社，2007年〔HP〕
E.H.カー『ナショナリズムの発展』みすず書房，1952年
上条勇『民族と民族問題の社会思想史――オットー・バウアー民族理論の再評価』梓出版社，1994年
W.キムリッカ『多文化時代の市民権――マイノリティの権利と自由主義』晃洋書房，1998年
黒宮一太『ネイションとの再会――記憶への帰属』NTT出版，2007年

E. ケドゥーリー『ナショナリズム』学文社，2000 年
E. W. サイード『オリエンタリズム』上・下，平凡社ライブラリー，1993 年〔HP〕
杉田敦『境界線の政治学』岩波書店，2005 年
Y. タミール『リベラルなナショナリズムとは』夏目書房，2006 年
C. テイラーほか『マルチカルチュラリズム』岩波書店，1996 年
西川長夫『増補 国境の越え方――国民国家論序説』平凡社ライブラリー，2001 年
O. バウアー『民族問題と社会民主主義』御茶の水書房，2001 年
J. ハーバマス『遅ればせの革命』岩波書店，1992 年
樋口陽一『憲法と国家――同時代を問う』岩波新書，1999 年
福田歓一『国家・民族・権力』岩波書店，1998 年
D. ミラー『ナショナリティについて』風行社，2007 年
J. S. ミル『代議制統治論』岩波文庫，1997 年
E. ルナン，J. G. フィヒテほか『国民とは何か』インスクリプト，1997 年
K. レンナー『諸民族の自決権――特にオーストリアへの適用』御茶の水書房，2007 年

【言語・社会・民族】

イ・ヨンスク『「国語」という思想』岩波書店，1996 年
L. J. カルヴェ『社会言語学』白水社，2001 年
F. クルマス『言語と国家』岩波書店，1987 年
渋谷謙次郎・小嶋勇編『言語権の理論と実践』三元社，2007 年
鈴木敏和『言語権の構造――英米法圏を中心として』成文堂，2000 年
『世界の言語政策』(既刊 2 冊) くろしお出版，2002-2007 年
田中克彦『言語からみた民族と国家』岩波書店，1978 年 (岩波同時代ライブラリー版，1991 年，岩波現代文庫版，2001 年)
同 『ことばと国家』岩波新書，1987 年
同 『「スターリン言語学」精読』岩波現代文庫，2000 年
P. トラッドギル『言語と社会』岩波新書，1975 年
永川玲二『ことばの政治学』岩波同時代ライブラリー，1995 年 (初版

は筑摩書房，1979 年)
『ライブラリ相関社会科学』第 4 号(言語・国家，そして権力)，新世社，1997 年

【歴史・記憶・責任】

石田雄『記憶と忘却の政治学』明石書店，2000 年
石田勇治『過去の克服――ヒトラー後のドイツ』白水社，2002 年
大沼保昭『東京裁判から戦後責任の思想へ』東信堂，増補版，1987 年
加藤典洋『敗戦後論』講談社，1997 年〔HP〕
桑原草子『シュタージ(旧東独秘密警察)の犯罪』中央公論社，1993 年〔HP〕
小菅信子『戦後和解――日本は〈過去〉から解き放たれるのか』中公新書，2005 年
高橋哲哉『戦後責任論』講談社，1999 年
朴裕河《パク・ユハ》『和解のために――教科書・慰安婦・靖国・独島』平凡社，2006 年
藤原帰一『戦争を記憶する』講談社現代新書，2001 年〔HP〕
M. ミノウ『復讐と赦しのあいだ』信山社，2003 年
T. モーリス＝スズキ『過去は死なない――メディア・記憶・歴史』岩波書店，2004 年

【ヨーロッパ】

大津留厚『ハプスブルクの実験――多文化共存を目指して』中公新書，1995 年
大津留厚・野村真理・森明子・伊東信宏・岡本真理・進藤修一『民族(近代ヨーロッパの探求 10)』ミネルヴァ書房，2003 年
梶田孝道『エスニシティと社会変動』有信堂，1988 年
　同　『統合と分裂のヨーロッパ』岩波新書，1993 年
　同　『新しい民族問題』中公新書，1993 年
唐渡晃弘『国民主権と民族自決――第一次大戦中の言説の変化とフランス』木鐸社，2003 年
L. コリー『イギリス国民の誕生』名古屋大学出版会，2000 年

今野元『マックス・ヴェーバーとポーランド問題――ヴィルヘルム期ドイツ・ナショナリズム研究序説』東京大学出版会，2003 年
佐藤成基『ナショナル・アイデンティティと領土――戦後ドイツの東方国境をめぐる論争』新曜社，2008 年
P. F. シュガー，I. J. レデラー『東欧のナショナリズム』刀水書房，1981 年
高橋秀寿・西成彦編『東欧の 20 世紀』人文書院，2006 年
谷川稔『国民国家とナショナリズム』山川出版社，1999 年
野村真理『西欧とユダヤのはざま』南窓社，1992 年
R. ブルーベイカー『フランスとドイツの国籍とネーション』明石書店，2005 年
宮島喬・若松邦弘・小森宏美編『地域のヨーロッパ――多層化・再編・再生』人文書院，2007 年
望田幸男・橋本伸也編『ネイションとナショナリズムの教育社会史』昭和堂，2004 年
G. L. モッセ『大衆の国民化――ナチズムに至る政治シンボルと大衆文化』柏書房，1994 年

【オスマン帝国および中東】

臼杵陽『中東和平への道』山川出版社，1999 年
　同　『世界化するパレスチナ／イスラエル紛争』岩波書店，2004 年
小杉泰『現代中東とイスラーム政治』昭和堂，1994 年
酒井啓子・臼杵陽編『イスラーム地域の国家とナショナリズム』東京大学出版会，2005 年
佐原徹哉『近代バルカン都市社会史――多元主義空間における宗教とエスニシティ』刀水書房，2003 年
鈴木董『オスマン帝国――イスラム世界の「柔らかい専制」』講談社現代新書，1992 年
　同　『イスラムの家からバベルの塔へ――オスマン帝国における諸民族の統合と共存』リブロポート，1993 年(改題新版『ナショナリズムとイスラム的共存』千倉書房，2007 年)
　同　『オスマン帝国とイスラム世界』東京大学出版会，1997 年
山内昌之『民族と国家――イスラム史の視角から』岩波新書，1993 年

【ロシア・旧ソ連】
宇山智彦『中央アジアの歴史と現在』東洋書店，2000年
小松久男『革命の中央アジア』東京大学出版会，1996年
小森宏美・橋本伸也『バルト諸国の歴史と現在』東洋書店，2002年
塩川伸明『民族と言語――多民族国家ソ連の興亡I』岩波書店，2004年
同『国家の構築と解体――多民族国家ソ連の興亡II』岩波書店，2007年
同『ロシアの連邦制と民族問題――多民族国家ソ連の興亡III』岩波書店，2007年
高尾千津子『ソ連農業集団化の原点――ソヴィエト体制とアメリカユダヤ人』彩流社，2006年
中井和夫『ウクライナ・ナショナリズム』東京大学出版会，1998年
長尾広視『「温かい場所」を巡る闘争――戦後ソヴィエト知識人層における「ユダヤ人問題」の成り立ち』東京大学大学院総合文化研究科博士論文，2005年
B. ナハイロ，V. スヴォボダ『ソ連邦民族＝言語問題の全史』明石書店，1992年
原暉之・山内昌之編『スラブの民族』弘文堂，1995年
北海道大学スラブ研究センター編『講座 スラブ・ユーラシア学の構築』全3巻，講談社，2008年
T. マーチン『アファーマティヴ・アクションの帝国――ソ連の民族とナショナリズム，1923-39年』明石書店，2011年
山内昌之『スルタンガリエフの夢』東京大学出版会，1986年
D. リーベン『帝国の興亡』上・下，日本経済新聞社，2002年

【旧ユーゴスラヴィア】
M. イグナティエフ『民族はなぜ殺し合うのか』河出書房新社，1996年
同『仁義なき戦場――民族紛争と現代人の倫理』毎日新聞社，1999年
同『ヴァーチャル・ウォー――戦争とヒューマニズムの間』風行社，2003年〔HP〕

岩田昌征『ユーゴスラヴィア――衝突する歴史と抗争する文明』NTT出版，1994年
同『ユーゴスラヴィア多民族戦争の情報像』御茶の水書房，1999年
同『社会主義崩壊から多民族戦争へ』御茶の水書房，2003年
久保慶一『引き裂かれた国家』有信堂，2003年
佐原徹哉『ボスニア内戦――グローバリゼーションとカオスの民族化』有志舎，2008年
柴宜弘『ユーゴスラヴィア現代史』岩波新書，1996年
高木徹『ドキュメント 戦争広告代理店――情報操作とボスニア紛争』講談社，2002年(講談社文庫版，2005年)
千田善『ユーゴ紛争』講談社現代新書，1993年
同『ユーゴ紛争はなぜ長期化したか』勁草書房，1999年
同『なぜ戦争は終わらないか』みすず書房，2002年
月村太郎『ユーゴ内戦』東京大学出版会，2006年

【アメリカ】
五十嵐武士編『アメリカの多民族体制――「民族」の創出』東京大学出版会，2000年
A.シュレジンガー・ジュニア『アメリカの分裂』岩波書店，1992年
高佐智美『アメリカにおける市民権』勁草書房，2003年
野村達朗『「民族」で読むアメリカ』講談社現代新書，1992年
L.ハーツ『アメリカ自由主義の伝統』講談社学術文庫，1994年
古矢旬『アメリカニズム――「普遍国家」のナショナリズム』東京大学出版会，2002年
松本悠子『創られるアメリカ国民と「他者」――「アメリカ化」時代のシティズンシップ』東京大学出版会，2007年
油井大三郎・遠藤泰生編『多文化主義のアメリカ――揺らぐナショナル・アイデンティティ』東京大学出版会，1999年

【カナダおよびオーストラリア】
石川一雄『エスノナショナリズムと政治統合』有信堂，1994年
岩崎美紀子『カナダ連邦制の政治分析』御茶の水書房，1985年

同 『カナダ現代政治』東京大学出版会, 1991年
加藤普章『多元国家カナダの実験』未来社, 1990年
同 『カナダ連邦政治』東京大学出版会, 2002年
多文化社会研究会編訳『多文化主義――アメリカ・カナダ・オーストラリア・イギリスの場合』木鐸社, 1997年

【中国】

王柯『多民族国家 中国』岩波新書, 2005年
同 『20世紀中国の国家建設と「民族」』東京大学出版会, 2006年
加々美光行『知られざる祈り』新評論, 1992年(大幅に増補した改訂新版『中国の民族問題――危機の本質』岩波現代文庫, 2008年)
田島英一『弄ばれるナショナリズム――日中が見ている幻影』朝日新書, 2007年
平野聡『清帝国とチベット問題――多民族統合の成立と瓦解』名古屋大学出版会, 2004年
同 『大清帝国と中華の混迷』講談社, 2007年
毛里和子『周縁からの中国』東京大学出版会, 1998年

【東南アジアおよび南アジア】

B.アンダーソン『言葉と権力――インドネシアの政治文化探求』日本エディタースクール出版部, 1995年
同 『比較の亡霊――ナショナリズム・東南アジア・世界』作品社, 2005年
岩崎育夫『リー・クアンユー――西洋とアジアのはざまで』岩波書店, 1996年
白石隆『インドネシア』リブロポート, 1992年(NTT出版, 1996年)
同 『スカルノとスハルト――偉大なるインドネシアをめざして』岩波書店, 1997年
鈴木義里『あふれる言語, あふれる文字――インドの言語政策』右文書院, 2001年
坪井善明『ヴェトナム――「豊かさ」への夜明け』岩波新書, 1994年
古田元夫『ベトナム人共産主義者の民族政策史――革命の中のエスニ

シティ』大月書店，1991年
同 『ベトナムの世界史』東京大学出版会，1995年
同 『アジアのナショナリズム』山川出版社，1996年

【日本およびその旧植民地地域】

荒野泰典・石井正敏・村井章介編『アジアの中の日本史IV 地域と民族《エトノス》』東京大学出版会，1992年
『岩波講座 近代日本と植民地』第1巻(植民地帝国日本)，岩波書店，1992年
小熊英二『単一民族神話の起源――〈日本人〉の自画像の系譜』新曜社，1995年
同 『〈日本人〉の境界――沖縄・アイヌ・台湾・朝鮮，植民地支配から復帰運動まで』新曜社，1998年
同 『〈民主〉と〈愛国〉――戦後日本のナショナリズムと公共性』新曜社，2002年〔HP〕
駒込武『植民地帝国日本の文化統合』岩波書店，1996年
酒井直樹『死産される日本語・日本人』新曜社，1996年
趙寛子《ジョ・グァンジャ》『植民地朝鮮／帝国日本の文化連環――ナショナリズムと反復する植民地主義』有志舎，2007年
三谷博『明治維新を考える』有志舎，2006年〔HP〕
村上重良『国家神道』岩波新書，1970年
安丸良夫『神々の明治維新――神仏分離と廃仏毀釈』岩波新書，1979年
同 『近代天皇像の形成』岩波現代文庫，2007年
吉野耕作『文化ナショナリズムの社会学――現代日本のアイデンティティの行方』名古屋大学出版会，1997年
若林正丈『台湾抗日運動史研究(増補版)』研文出版，2001年